Endosos

Depende, es un libro que te permitirá entender un poco más cómo Dios está trabajando en tu vida y te ayudará en la toma de decisiones difíciles, justo cuando te encuentras en medio de un laberinto y no sabes cómo salir. Dependiendo de la cosmovisión que tienes acerca de Dios y lo que entiendas del liderazgo, podrás alcanzar tus metas y sueños, siempre que estén alineados a la voluntad de Dios y su propósito. Todo dependerá de la necesidad que tengas de cambiar y ser transformado a la imagen de tu Creador.

He tenido la oportunidad de leer todos los libros de mi amigo y hermano Juan Carlos Calderón, pero te puedo asegurar que cuando leas esta nueva obra, quedarás impactado de la revelación que Dios le dio para escribirlo. Este es un libro que no querrás dejar de leer, pero su resultado dependerá de ti.

Pastor Ronald Torres
Senior Pastor
«Ministerio Internacional Centro de Esperanza Miami»

— • • • —

Cuando pensamos en un líder dinámico, creativo, sabio y relevante pensamos en Juan Carlos Calderon Naveira. Tuvimos el privilegio de conocerlo hace muchos años, hemos compartido con él, viajando al Capitolio de la Florida, y nos hemos dado cuenta lo valioso que es como líder y amigo. Su libro, *Decisiones Difíciles*, fue para nosotros una aventura personal. Sus testimonios y estrategias de cómo tomar decisiones han sido de gran ayuda para nosotros. Cada libro que ha escrito ha sido un instrumento que enseña cómo avanzar aprendiendo de los errores de otros y sin tener que cometer los mismos.

Estamos muy emocionados de ser parte de este nuevo libro. Léelo y te aseguramos que vas a sentirte animado e inspirado para emprender lo que quieras, y te ayudará a cumplir tus propósitos y sueños. Damos gracias a Dios por autores como Juan Carlos, que nos ayudan con literatura para nuestro diario vivir, en una manera fácil y práctica.

Pastores Abraham y Marilyn Rivera
«La Puerta Life *Center*»

Para mí es un honor el que Dios haya permitido que conozca al Dr. Juan Carlos Calderón y a su hermosa familia. He visto la evolución en su ministerio desde su llegada a los Estados Unidos, al igual que el de la Escuela de Liderazgo de Alto impacto (ELAI). Es un gran esposo, padre, abogado, ministro y autor, pero sobre todo, un gran amigo.

He leído este nuevo texto y realmente es inspirador. Contiene una revelación profunda sobre el liderazgo genuino, pero a la vez es tan fácil de leer que desde las primeras páginas te cautiva. Sin duda será imposible no terminarlo, pero depende de ti aplicar cada enseñanza en tu liderazgo.

Juan Carlos ha inspirado a muchos a caminar en el propósito de Dios para sus vidas y con este nuevo libro no será la excepción.

Pastor Benjamín Pérez
Senior Pastor *«Purpose Church»*, Homestead (Fl.)

— • • • —

Todos los que hemos sido llamados por Dios a liderar, en algún momento hemos tenido interrogantes para llevar a cabo la asignación que se nos ha otorgado; pero, en ocasiones, estas preguntas nos hacen desviar nuestra mirada del objetivo. Sin embargo, cuando entendemos que para cumplir con el llamado de Dios y poder liderar con efectividad, lo más importante no son los talentos o habilidades, es cuando empezamos a depender de Él.

En este libro Juan Carlos Calderón, de forma concreta y práctica, despeja esos interrogantes, logrando una obra en la que cada palabra escrita está llena de certeza y profundidad sobre el liderazgo, dejando algo muy claro: un líder que depende de Dios será uno que alcanzará a cumplir con eficacia su llamado. *Depende*, definitivamente, es un libro que todo líder debe tener.

Dr. Luis Roberto Piña
Presidente «*International Academy of Chaplaincy*»

Creo profundamente que una de las más grandes satisfacciones en la carrera del ministerio, es lograr ver a tus discípulos emprender, perseverar y alcanzar las metas que, de parte de Dios, han sido selladas en sus corazones. Hoy tengo el honor de hablar de uno de ellos: el Dr. Juan Carlos Calderón, a quien más que conocerlo como su pastor y mentor, he seguido de cerca su titánica carrera para convertirse en un entrenador de líderes de alto rendimiento, con el potencial de afectar a las futuras generaciones. Sus libros son una fuente de inspiración para miles de personas, pero como buen corredor que no se queda atrapado en las memorias y logros del pasado, hoy nos presenta este nuevo ejemplar titulado: *Depende*.

Cautivador desde sus primeras páginas, te lleva en una travesía tan desafiante que no podrás detenerte hasta culminar su lectura, por la dinámica tan simple con que explica cada uno de los aspectos pertinentes al liderazgo contemporáneo. Sin duda alguna, la crisis actual de liderazgo, producto de irrelevantes y descontextualizados conceptos en contraposición a las verdades de las Sagradas Escrituras, hará que todo líder visionario use este libro como cabecera de consulta necesaria para su desarrollo integral.

Nunca debemos olvidar que, en nuestro liderazgo, todo depende de quien dependamos.

Joel José López González
Pastor Principal del «Ministerio Internacional Centro de Esperanza» Sede Principal, Caracas (Venezuela)

Una generación de líderes relevantes no se construye de manera instantánea; es un llamado de toda una vida, que tiene el costo de tu vida, para darle vida a quienes te rodean.

Desde que conocimos a Juan Carlos, pudimos ver en sus ojos la llama ardiente del propósito de Dios y su pasión para impactar a cuantos estén a su alrededor. También, hemos sido testigos de los dolores de parto que muchas veces ha tenido en su espíritu no solo para dar a luz sus propios proyectos, sino para impulsar los de los demás, incluso cuando ni ellos mismos los veían venir.

Por eso, estamos muy felices y a la expectativa de este nuevo libro; un tesoro de libertad y orden para quien decida hacerlo suyo. Siempre hemos pensado que un libro tiene tantas versiones como lectores; esperamos que tu versión, al leer cada página, sea tan única y relevante como ha sido la vida de Juan Carlos para nosotros.

Una voz que no habla de lo que vive es solo un instrumento sin músico. Juan Carlos es una melodía del cielo, un mensaje de Dios para este tiempo y nos sentimos muy felices de conocerle y aplaudir sus logros, que sabemos impactan a generaciones enteras.

Depende es un libro de Reino, con principios de poder para ver manifestada la gloria del Padre, de manera práctica, en quienes lo leen. ¡Levanta la expectativa! Es una obra que tiene la capacidad de revolucionar tu interior.

Querido lector, disfruta este tesoro tanto como nosotros, déjate contagiar con esta confrontación a tu cotidianidad, prepárate para abrir tus alas y volar tan alto como el Señor quiere que lo hagas.

Con mucho amor,

Samo y Lala.
Sé 1 Mensaje Ministries

Conocí a Juan en un entorno de formación para líderes mundiales y supe que era un líder con una marca diferente, esa que nuestro Padre Celestial nos otorga al tener a Jesús en nuestro corazón. En todos estos años conociéndole, he aprendido, con sus acciones, que esta frase en realidad es vida en su vida: «El liderazgo depende de quien dependas».

Cuando él me pidió que escribiera acerca de este libro, yo estaba en un momento de toma de decisiones trascendentales, así que, llegar hasta el final de este manual de liderazgo, me aterrizó, me confrontó, pero, sobre todo, me alivió para tomar la decisión de avanzar. He dicho que es un manual de liderazgo, porque en realidad es mucho más que un libro; es una obra con un contenido asombroso para quienes hemos entendido que un líder no puede avanzar sin conocer la voluntad de Dios para su vida. Gracias, Juan Carlos, por escribirlo.

Nery Núñez
CEO *Upping Life Group*

TU LIDERAZGO
DEPENDE
DE QUIEN DEPENDAS

Juan Carlos Calderón

TU LIDERAZGO DEPENDE DE QUIEN DEPENDAS

© Derechos de edición reservados.

ELAI Editorial

www.liderazgoelai.org

presidente@liderazgoelai.org

@liderazgoelai

Edición y corrección de textos:

Gisella Herazo Barrios • Agencia Arte & Expresión

www.agenciaarteyexpresion.com

@agenciarteyexpresion • @gisellacomunica

Dirección de arte, diseño, portada y diagramación:

Rubén Ochoa

@RubenOchoaLife • @QTalQPinProductions

©2022 por Juan Carlos Calderón Naveira.

A menos que se indique lo contrario, todas las citas de la Escritura son tomadas de la *Santa Biblia, Reina Valera Actualizada*, Copyright © 2015 by Editorial Mundo Hispano. Las citas marcadas (DHH), han sido tomadas de la *Santa Biblia, Dios habla hoy* ®, © Sociedades Bíblicas Unidas, 1966, 1970, 1979, 1983, 1996. Todos los derechos reservados. Las citas marcadas (TLA) han sido tomadas de *La Santa Biblia, Traducción en lenguaje actual.* © Sociedades Bíblicas Unidas, 2000. Todos los derechos reservados. Las citas marcadas (NTV) han sido tomadas de *La Santa Biblia, Nueva Traducción Viviente*, © Tyndale House Foundation, 2010. Todos los derechos reservados.

Itálicas, subrayados y negrillas son énfasis del autor.

Ninguna porción de este libro podrá ser reproducida, almacenada en ningún sistema de recuperación, o transmitida de cualquier forma o por cualquier medio - mecanismos, fotocopias, grabación u otro -, excepto por citas breves en revistas impresas, sin la autorización previa y por escrito del autor.

ISBN 979-837-1129-72-7

Categoría: Vida cristiana, Liderazgo

Impreso en USA
Printed in USA

Dedicatoria

Jesús: el único y verdadero líder de todas las eras, quien me enseñó a depender de Él en el momento más difícil de mi liderazgo y quien hasta hoy sostiene el propósito que me fue asignado. Gracias por mostrarme intensamente el valor de renovar la mente para conocer la verdad y convencerme de que depender de ti siempre sería mejor que de mi intelecto.

Adriana, si tuviera que hacer un resumen de mi vida a tu lado, tendría que decir que la templanza es tu mejor virtud. Gracias por esperarme mientras regresaba del camino sin fin que yo mismo me tracé.

Santiago, la impronta que Dios depositó en tu espíritu desde el vientre de tu madre, es mi paz en medio de la convulsión del mundo. Mis ojos te verán servirle a Dios desde donde yo no pude.

Sara Sofía, la mente más rápida de la familia. Cuando no hay horizonte delante de mí, tu destreza me habilita una ventana de escape para mirar en medio de la noche. Eres el faro que me dice siempre: «tú nunca te rindes».

Padres, a veces me pregunto: ¿Cómo el hijo de Conchi y Juan Carlos llegó tan lejos? La respuesta es sencilla: mis padres me cuidaron mientras estaba cerca de la orilla. Para que Dios me escogiera a mí, primero los tuvo que escoger a ustedes.

Agradecimiento

A todo el equipo de ELAI, nadie los supera, ni lo hará por generaciones.

Contenido

INTRODUCCIÓN
EL INICIO DE LA DEPENDENCIA
27

CAPÍTULO 1
EL DÍA DE LA INDEPENDENCIA
33

CAPÍTULO 2
SUEÑOS IMAGINARIOS
65

CAPÍTULO 3
LA NECESIDAD DE UN CAMBIO
83

CAPÍTULO 4
SOBRIEDAD MENTAL
109

CAPÍTULO 5
MODELAR CON NUESTRA VIDA
129

CAPÍTULO 6
DEPENDER DE DIOS
167

CAPÍTULO 7
UN LÍDER QUE DEPENDE DE DIOS, AVANZA
205

EPÍLOGO
215

SOBRE EL AUTOR
217

Introducción

EL INICIO DE LA DEPENDENCIA

Mi historia en el liderazgo no siempre ha sido victoria tras victoria, ni referencias de éxito consecutivas; más bien ha sido un camino bastante agreste, con muchas subidas y bajadas, muchos desaciertos, fracasos, desengaños y sinsabores. Sin embargo, he visto con mis propios ojos el poder transformador en la vida de miles de personas que se acercan a ELAI, Escuela de Liderazgo de Alto Impacto, la cual presido, solamente buscando mejoras en su rendimiento personal y luego conocen la verdad del liderazgo: Jesús.

Un día, intencionalmente, decidí ir un paso más allá de las estructuras que existían hasta entonces en el mundo, que exponen verdades aparentemente aplicables a la vida de cada persona y que, sumadas, te garantizaban el éxito.

Entré en ese mundo y coqueteé con él, hasta el punto que comencé a creer y tolerar ciertas medias verdades, que pintaban como ciertas, pero que con el tiempo no generaban ningún resultado, ya que su puesta en práctica carece de fundamento. Es decir, eran teorías no aplicadas que, al ser expuestas en auditorios imponentes, reducían la incredulidad de los asistentes a casi cero, por el nivel de emotividad que le imprimen los mercaderes del liderazgo.

En medio de aquella travesía, decidí que iba a correr sin parar a una meta lejana que pensaba que tenía que ver con mi propósito de vida. Fui tan rápido como pude y contra todo obstáculo, corrí tan lejos como mis fuerzas me lo permitían.

Comencé a repetirme frases inspiradoras, pensé, en medio del proceso, que cada paso que daba hacia mi propósito era guiado por Dios. Escalé cumbres y llegué, subí montañas y sobreviví, viví tormentas y no naufragué, hasta que, de pronto, la calma me embargó.

Me vi llegando tan lejos, que me encontré en donde nunca hubiera querido estar: solo al final de mi propio camino.

En el horizonte estaba la visión, en el retrovisor todo lo que había aprendido, y en ese lugar, solo, alguien me dijo: «quédate quieto» y, honestamente, no quería obedecer, porque creía que estar quieto era no hacer nada.

Parado, en ese mismo punto, recordé una verdad que se me había olvidado: «¿Quién es el camino?» Alguien me susurró al oído y ahí, en medio del dolor y de la vergüenza, yo mismo dije: «Jesús, el más famoso de todos los tiempos, es el camino».

Ese día me vi perdido en medio de una gran sabana, con el horizonte infinito, sobre una tierra que no tenía fin. Había transitado tantas horas, que la distancia alcanzada se hacía a la vista interminable y me di cuenta de que estaba perdido dentro de mi propio centro de gravedad, propósito, sueño, y, sobre todo, de mis egos, que al final lo único que pretendían era tapar mis miedos.

En medio de la nada, me derrumbé, comencé a llorar desconsoladamente delante de nadie. Solamente estábamos mi cansancio y yo, para dar paso al acto más maravilloso que he vivido en mi liderazgo: Rendirme.

Quizás dirás: «¡Los líderes nunca se rinden!» Y eso es lo que enseñé por muchos años, solo que esta vez no me rendí a mi llamado, lo hice delante del único y verdadero Dios, de aquel que me dijo un día: «Eres muy buen abogado, y serás mucho mejor predicador; pero antes, debes hacer lo que te mande, y luego, hablarás de mí a las naciones»

Recordar aquella frase que marcó mis primeros años de creyente, me hizo ver con claridad que yo, en mis propias fuerzas, solo iba a llegar a la nada y era ese lugar en donde estaba exactamente. Sin embargo, al rendirme totalmente delante del Dios que me dio la palabra, una voz me susurró diciendo:

—¿Qué camino vas a tomar?
A lo cual respondí:
—No hay ningún camino por aquí.
Insistió la voz.
—¿Estás perdido?
Y ya sin fuerzas, le contesté:
—Totalmente perdido, no sé cómo regresar a casa.
Con un amor indescriptible me susurró de nuevo:
—Bien has dicho: no hay camino. YO SOY el camino, ven detrás de mí de regreso a casa.

Fue en ese instante donde comenzó este libro, que espero te sirva de guía para depender de Dios en tu liderazgo. Anhelo que puedas sentir que en el camino tus pasos serán firmes, la velocidad será constante, la fe se desarrollará a unos niveles que no conocías, y que para la supervivencia en medio del proceso, debes desarrollar sabiduría que solo se encuentra en la Palabra de Dios.

Cada línea de este libro, fue escrita luego de un proceso de profunda renovación de la mente, de la desintoxicación de mis pensamientos por medio de la Palabra de Dios, y de mi dependencia absoluta a las instrucciones del Maestro.

Sé que más allá de mi experiencia personal al escribir, cada palabra encierra en sí misma un impulso adicional que te llevará de la mano hacia la comprensión del proceso de sumarte al plan de Dios. De esa forma, podrás dejar de lado tus propios planes para tener éxito en el Reino y no en el mundo, porque tus frutos serán tan duraderos que nadie, aunque lo intente, podrá negar su existencia.

EL DÍA DE LA INDEPENDENCIA

El liderazgo se puede ejercer correctamente desde dos perspectivas diametralmente opuestas: la del mundo y la de Dios. En ambos extremos, la influencia es el factor determinante que impulsa a cada líder a ser el abanderado de una perspectiva personal que conduce a que los demás le sigan.

Sin embargo, en cada una de ellas está limitada la libertad, la plena y la aparente, que aunque existe en ambos lados de la frontera, hay una línea muy delgada que las separa.

Te lo explico mejor:
1. En un lado, la libertad es aparente, terrenal y efímera.

El mundo, tal y como lo conocemos, está repleto de derechos que se ofrecen para identificar a cualquier grupo de personas.

Diariamente se vende la palabra libertad como un producto de marketing que es difícil de conseguir, pero muy fácil de comprar, y que en su significado conduce a una lucha sin fin entre lo aparentemente justo y lo injusto.

La libertad terrenal es por definición la facultad natural que tiene el hombre de obrar de una manera u otra, o, sencillamente, de no obrar, por lo que es responsable de sus actos. En los sistemas democráticos, es un derecho de valor superior que asegura la libre determinación de las personas.[1]

Según esta definición, la libertad está por encima de cualquier cosa y le permite al individuo decidir qué o cómo ser en su vida. Esto, desde un punto de vista utópico, significa que es posible que por nuestros propios medios alcancemos la libertad plena. Es decir, en teoría, el sistema del mundo nos permite ser libres por determinación y derecho, más que por una condición previa establecida por Dios.

El asunto se complica aún más cuando a la libertad le sumamos la lucha entre individuos para alcanzarla. En ese contexto, esta depende equivocadamente de otro o de otros que la concedan. Con lo cual, la libertad plena

---

1 **Real Academia Española: "libertad" [en línea]. DRAE: 2001. Disponible en <https://dle.rae.es/libertad>.**

es relativa y solo se logra cuando un grupo de personas que ostentan el poder de concederla, ceden ante las presiones o los conflictos entre iguales. Esto, por lo general, conduce a conflictos de todo tipo, que la historia ha recogido a lo largo de los años.

En el mundo, y como consecuencia de la caída del hombre, el concepto de libertad se ha convertido en un producto enlatado que solamente se puede utilizar si existe una ley que lo sustente, una sentencia de un tribunal o una norma supranacional que lo ampare. Por ende, aunque la Declaración Universal de Derechos Humanos, del 10 de diciembre de 1948 lo establezca como inalienable, es decir, que no se puede ceder, en la práctica se ha demostrado que solo existe como un concepto efímero, terrenal, que no opera per se y que siempre estará condicionado.

Lo peligroso de este concepto radica en que la implementación de la libertad en sí misma depende de la voluntad de un hombre que la otorgue, quien, además, se subroga el derecho superior de concederla. Con lo cual este (que es creación de Dios), se atribuye una de las virtudes del Creador, que es la justicia, y ahí empieza parte de caos en que vivimos.

Reflexiona en lo siguiente: ¿Puede, en estas condiciones, un individuo ser verdaderamente libre? ¿Cuál es entonces la máxima que define la libertad como derecho? La libertad que ofrece el mundo es aparente y no inherente a la condición humana. Por eso, el hombre, al querer suplantar su justicia por la del cielo, ha provocado que esta sociedad cada vez dependa menos de Dios, ya que los sistemas se equiparan equivocadamente a la plenitud divina y sus decisiones son irrevocables -humanamente hablando-.

2. En el otro lado, la libertad es inconmovible, eterna y celestial.

Dios, desde la creación, determinó la libertad como un hecho cierto, la cual no se puede mover o alterar por capricho de ningún ser creado. Es decir, el Creador de todo la garantiza como un atributo en sí mismo, pero condicionada a una verdad: Jesús.

El Hijo de Dios nos confirmó, por medio del sacrificio en la cruz, que la libertad de la que gozamos sobre la muerte y el pecado tuvo un precio, que dicho sea además, fue muy alto. Por tanto, no existe ser humano que pueda comprar tal beneficio, sino que se obtiene únicamente por medio de Jesús, quien siendo Sumo Sacerdote, se ofreció a sí mismo como sacrificio delante de Dios. Es ahí y solo entonces, que la humanidad llega a la plenitud del concepto de libertad.

La condición de libertad se pone en evidencia en el momento en el cual, no siendo merecedores de ella, Cristo tomó nuestro puesto en esa cruz y por medio de la resurrección venció al mundo. Con ello, todos los sistemas humanos que sean instituidos para otorgar derechos, quedan subordinados de manera inequívoca al señorío del único y verdadero Rey de Reyes y Señor de Señores.

La libertad entonces ya no es un derecho exclusivo concedido a un grupo por otro, si no más bien es una consecuencia para aquellos que son discípulos de Jesús. Esta ahora pasa a ser una condición hereditaria concedida como el galardón máximo de aquel sacrificio convertido en derecho, que está por encima de todo lo creado: **ser llamados hijos de Dios.**

> *«Pero a todos los que lo recibieron, a los que creen en su nombre, les dio derecho de ser hechos hijos de Dios». (Juan 1:12)*

Esta verdad absoluta no depende de una ley terrenal, ni de un juez humano, ni de lógica circunstancial; depende únicamente de recibir a Cristo como Salvador. Este derecho opera incondicionalmente en primera instancia, ya que de él se derivan un sinfín de promesas, pero también una serie de deberes que se deben poner en práctica para demostrar por medio del fruto, que no solo ostentamos el título de hijo, sino que lo somos en esencia.

Jesús lo explicó así:

> *«El esclavo no permanece en la casa para siempre; el Hijo sí queda para siempre. Así que, si el Hijo los hace libres, serán verdaderamente libres». (Juan 8:35-36)*

Te pregunto: ¿Quién es el único que garantiza la libertad plena? La respuesta es Jesús. Por tanto, en contraposición a las buenas intenciones del mundo, únicamente los hijos de Dios tenemos libertad absoluta, no como un derecho por el que hay que pelear, sino como una condición propia de la naturaleza de aquel que nos creó a su imagen y semejanza.

Ahora bien, la verdad sea dicha, cualquiera de las dos libertades por oposición de principios tienen beneficios. Sin embargo, al comparar ambos conceptos, concluimos que se puede liderar desde ambas libertades y según el lado de la frontera en donde habites, el otro frente te mostrará su propia versión de esclavitud. Es decir, por contraposición de sistemas, el mundo te vende su libertad como absoluta, a pesar de ser relativa, y te hace creer que si dependes de Dios eres esclavo de la religión o del fanatismo; mientras que el Reino de Dios te garantiza que eres esclavo del mundo y sus mentiras como verdad absoluta, y que solamente por medio de Jesús, serás verdaderamente libre.

En resumen, la libertad que ofrece el mundo te hace esclavo de su sistema, pero la libertad del Reino de los cielos te hace libre de una vez y para siempre. ¿Desde cuál lugar quieres liderar?

> *Para ser un líder que ejerce influencia desde la libertad y no desde la esclavitud, debes depender de Dios.*

Un reino visible

Cuando Dios creó a la humanidad, estableció un sistema de gobierno celestial, basado en su Reino, que refleja su intención final para todos nosotros. Desde el principio, el Reino celestial tenía como única intención que la perfecta voluntad del Rey fuera ejecutada en su dominio natural, que era la tierra.

Es interesante que, cuando se observa el detalle de cada una de las instrucciones de gobierno que fueron impartidas, siempre existió **un Rey soberano** (Dios), **un Reino** (de los cielos) que ya existía, y **una creación** hecha para adorar al único Rey y Señor. Dios originó un mundo visible para gobernarlo a través de lo invisible, por medio del Espíritu depositado dentro del hombre.

Además, la soberanía del Rey es absoluta, lo que significa que posee la autoridad suprema e independiente. Al igual que un monarca en la tierra, Él es el Jefe del Estado del Reino, que ejerce la más alta representación de este y que arbitra y modera el funcionamiento de sus instituciones, recibiendo y transmitiendo su cargo por sucesión hereditaria.[2]

Por lo tanto, Dios es soberano sobre la creación y ejerce su dominio de manera absoluta sobre toda ella; por el contrario, al hombre solo se le otorgó la representación del soberano, nunca se le concedió autoridad para someter a sus coiguales, es decir, al hombre sobre el hombre.

---

2 Real Academia Española: "monarca" [en línea]. DRAE: 2021. Disponible en <https://dle.rae.es/monarca>

> *«¡Cuán grandes son sus señales y cuán poderosos sus milagros! Su reino es un reino eterno, y su señorío de generación en generación». (Daniel 4:3)*

Ahora bien, en Génesis 1:28, la creación del hombre y la mujer va seguida del mandamiento de ejercer dominio y sojuzgar sobre los peces, las aves y todo ser vivo. Pero, ¿qué significa este dominio?

El término sojuzgar o dominar tiene dos vías desde el punto de vista etimológico:[3]

1. Sujetar, contener o reprimir con violencia **algo**.
2. Sujetar, contener o reprimir con violencia a **alguien**.

Dicho esto, entendemos que el mandato que Dios le dio al hombre fue el de ejercer dominio sobre todo aquello que formaba parte de la creación previa a la existencia del ser humano. Cabe resaltar que para ello utilizó el verbo **ser** —conjugado como «*sea*»—, en franca diferenciación de la puesta en escena, cuando expresamente se ordena a sí mismo (Padre, Hijo y Espíritu Santo) la creación del hombre, usando el verbo ***hacer*** —en plural, «hagamos».

---

[3] Real Academia Española: "sojuzgar" [en línea]. DRAE: 2022. Disponible en <https://dle.rae.es/sojuzgar>

Como consecuencia de ello, el tipo de dominio que los seres humanos ejercen desde aquel entonces como representantes de Dios, creados a su imagen y semejanza, no es otra cosa que la de administradores de una finca, que es el mundo, donde cultivan y protegen el huerto de Dios. Por lo tanto, si sintetizamos en una sola frase el contexto previo, podemos decir que:

> *Los hombres y las mujeres deben ejercer dominio como representantes de Dios, no de forma explotadora y destructiva, sino como administradores responsables, ya que todo lo creado y puesto a su disposición debe su existencia a Dios.*

Tristemente, someter o sojuzgar ha sido entendido equivocadamente solo como dominar, considerando al ser humano como señor que oprime a otros de su mismo tipo, olvidando que somos siervos que ayudan a ejercer señorío al Dios que creó todo lo que existe.

La verdad es que la palabra sojuzgar en sí misma encierra la esencia de gobierno transferida por Dios al ser humano y, por ende, el rol de liderazgo, no para someter y controlar a otros seres humanos, sino para servir como instrumentos del propósito de Dios en esta tierra.

La primera Constitución

Como ya vimos anteriormente, en una parte de la creación Dios establece en la tierra al ser humano y le atribuye la mayor preponderancia sobre el resto de lo creado; además, constituye para él un sistema de gobierno muy distinto al que conocemos hoy en día en los sistemas del mundo. Él estableció un gobierno semejante al virreinato, donde el hombre dominaba todo lo que existía, en nombre y representación del Rey Soberano que lo creó.

Esa potestad de gobierno fue entregada al hombre con la condición de que la ejerciera mediante una relación de dependencia absoluta de Dios en todo lo que hiciera. Por ello, para que ese sistema de gobierno funcione a la perfección, Dios mismo establece la primera «Constitución Real», en la cual se dan las instrucciones sencillas para la humanidad:

Hombre y mujer los creó,
y los bendijo con estas palabras:
1. Sean fructíferos y multiplíquense.
2. Llenen la tierra y sométanla.

3. Dominen a los peces del mar y a las aves del cielo, y a todos los reptiles que se arrastran por el suelo.[4]

Las instrucciones de la nueva Constitución no están condicionadas a decisión del hombre; por el contrario, es un mandato taxativo, es decir, que no admite discusión. Por lo tanto, lo creado debe estar sometido en sí mismo al Creador, a través del gobernante terrenal que representa el Rey Supremo.

En consecuencia, para lograr aquellos fines y ejercer gobierno o liderazgo, el hombre debe buscar y depender de Dios, quien es el Creador y Soberano absoluto sobre todo lo creado, y no depender de sus propias intenciones. Ejercer el liderazgo a espaldas de Dios ha traído desgracias extremas que jamás fueron imaginadas, producto de la naturaleza caída del hombre.

Todo aquello, hoy por hoy, sigue costando la vida de millones de personas, provocando torturas despiadadas, privaciones de libertad inmerecidas, guerras, conflictos, peleas y toda clase de violencia. Mientras tanto, toda la creación grita con dolores de parto, tal y como dice el apóstol Pablo, en su carta a los Romanos 8:22-24:

---
[4] **Génesis 1:28**

> *«Porque sabemos que toda la creación gime a una, y a una sufre dolores de parto hasta ahora. Y no solo la creación, sino también nosotros, que tenemos las primicias del Espíritu, gemimos dentro de nosotros mismos, aguardando la adopción como hijos, la redención de nuestro cuerpo. Porque fuimos salvos con esperanza; pero una esperanza que se ve no es esperanza, pues ¿quién sigue esperando lo que ya ve?»*

Sin embargo, en su absoluta omnisciencia, Dios previó tales cosas y le dio al ser humano la oportunidad de elegir su propio destino.

Una sola restricción

Dios, el Señor, tomó al hombre y lo puso en el jardín del Edén para que lo cultivara, lo cuidara y administrara, **pero le dio esta advertencia**:

> *«Puedes comer de todos los árboles del jardín; pero del árbol del conocimiento del bien y del mal no comerás, porque el día que comas de él, ciertamente morirás».* [5]

Dios entonces:
1. Dio dominio al hombre sobre la tierra, jamás sobre los hombres.
2. El dominio otorgado tenía restricciones.
3. Dios prometió una relación, nunca una religión.
4. Por medio del Espíritu Santo, Dios guiaría a sus gobernadores en la tierra para que hicieran la voluntad del Rey.

Al estar constituido el Reino en la tierra, el propósito inicial de Dios era:
1. Crear un lazo consanguíneo con la humanidad al llamarnos hijos, no siervos.
2. Instaurar su Reino, no una religión.
3. Constituir un Reino de reyes y sacerdotes, no de sujetos.
4. Establecer una ciudadanía, no una orden religiosa.
5. Forjar una relación con el hombre, no una religión.
6. Ejercer su influencia en la tierra a través de la humanidad.

---
5 **Génesis 2:16-17**

Sin embargo, la obediencia cedió ante la voluntad por medio de la libertad, y ocurrió el episodio más lamentable para la humanidad, cuyas consecuencias seguirán arrastrando a la creación, hasta que la plenitud del gobierno de Cristo se manifieste: El hombre y la mujer dan un golpe de Estado, con consecuencias espirituales generacionales.

Golpe de Estado

Hasta ese momento la ecuación era Dios-hombre-mujer, sin la intervención de ningún otro personaje, pero cuando en el ejercicio del liderazgo las cosas parecen estar marchando bien, sin contratiempos o sobresaltos, el imitador y mentiroso enemigo siempre quiere formar parte de la escena. A raíz de su caída, Satanás ha establecido un plan de rebelión ampliado y sistemático en contra de lo creado, para evitar que se establezca el Reino tal y como fue concebido originalmente por el Creador.

La historia es un tanto más larga de lo que narro en estas cortas líneas, pero tanto el hombre como la mujer escucharon la voz del engañador, creyeron en mentiras con apariencia de verdad muy bien argumentadas, y desobedecieron la única restricción que tenían: comer del fruto del árbol de la ciencia del bien y del mal. Producto de aquella acción se derivan una serie de consecuencias descritas en Génesis 3:16-19.

> *El ejercicio del liderazgo y de la autoridad que le fue otorgada a la humanidad se resquebrajó, porque Adán y Eva dependieron de ellos mismos, en vez de ser unos líderes que dependen de Dios.*

A la mujer le dijo:
1. Aumentaré mucho tu sufrimiento en el embarazo; con dolor darás a luz a los hijos.
2. Tu deseo te llevará a tu marido, y él se enseñoreará de ti.

Al hombre le dijo:

Porque obedeciste la voz de tu mujer y comiste del árbol del que te mandé diciendo: «No comas de él»:
1. Sea maldita la tierra por tu causa.
2. Con dolor comerás de ella todos los días de tu vida.
3. Espinos y cardos te producirá, y comerás plantas del campo.
4. Con el sudor de tu frente comerás el pan hasta que vuelvas a la tierra, pues de ella fuiste tomado. Porque polvo eres y al polvo volverás.

Dios considera la desobediencia como un acto de traición y violar el mandato del comer del fruto del árbol, fue la primera y más trágica traición al Reino cometido por la humanidad. Con lo cual, en un acto de rebeldía, el propio Adán estableció ese día el **Acta de independencia del Reino**, para establecer el gobierno terrenal del que habla el apóstol Juan:

> *«Sabemos que somos de Dios y que el mundo entero está bajo el poder del maligno».*
> *(1 Juan 5:19, DHH).*

Quizás te estarás preguntado: «¿Qué tiene que ver esta historia tan conocida con el liderazgo?» Yo solo te adelanto que el ejercicio del liderazgo y de la autoridad que le fue otorgada a la humanidad se resquebrajó, porque Adán y Eva dependieron de ellos mismos, en vez de ser unos líderes que dependen de Dios.

La separación

Después de la declaración de independencia del Reino como un acto de rebeldía de la humanidad a través del pecado, el hombre, que había sido creado a imagen y semejanza de Dios, se convirtió en:

1. Un ser sin relación con Dios.
2. Un embajador sin tareas de parte del Rey.
3. Un ciudadano sin ciudadanía.
4. Un rey sin reino.
5. Un gobernante sin dominio.

Sin embargo, y a pesar de nosotros mismos, Dios vuelve a intentar restablecer el Reino y revertir de alguna forma la naturaleza caída del ser humano, no desde el punto de vista corporal y material, sino desde el punto de vista espiritual, por medio del último gran sacrificio. Enviar a su hijo a morir por nosotros era la única salida.

La independencia por medio de Cristo

Como la nación escogida no lo logró, Dios tuvo que hacer un nuevo intento y envió un Libertador, uno que restablecería el Reino y que no vendría a libertarnos de la esclavitud del mundo, sino de la esclavitud del pecado que nos gobierna.

Ahora la independencia tiene cuatro características:

1. **No es impuesta:** El Rey, a pesar de ser Soberano, no obliga a los sujetos a ser súbditos del Reino.
2. **Es voluntaria:** Solo aquellos que sean encontrados por el Rey y acepten sin exigencias las condiciones, podrán pertenecer al gobierno del Reino prometido.
3. **Se recibe solamente por fe, no por vista:** La única condición necesaria es creer, ya que al ser un Reino invisible a los ojos del mundo, el súbdito debe procurar tener la certeza de lo que espera y la convicción de lo que no está a la vista.
4. **Restablece al Espíritu Santo como derecho:** para guiar a la creación a hacer la voluntad absoluta y perfecta de Dios.

Volvamos al principio

El «acta de independencia» hoy en día está vigente. El mundo ofrece «libertad de la esclavitud» de la obediencia a Dios y de esta relación de amor, para luego convertirnos en esclavos del pecado, subyugados por las mentiras de Satanás.

Los sistemas del mundo ofrecen libertad terrenal y disfrute temporal a cambio de condenación eterna; mientras que el Dios soberano ofrece ser esclavo por amor para vivir una eternidad con el Rey de reyes y Señor de señores. El dueño de este mundo te exhibe como su propiedad, acusándote delante del Padre para que no se restablezca el Reino; mientras que el Libertador de tu alma, te muestra más que vencedor por medio de aquel que te llamó de las tinieblas a su luz admirable.

Lo que se puede concluir de todo este relato es que fue solamente por medio de Jesús que, en medio de la naturaleza caída del mundo y a través del acto de obediencia y amor más grande que jamás líder alguno haya realizado, se restableció el Reino. En un solo acto consumado en la muerte y resurrección del enviado, se firmaron con sangre los decretos jurídicos más importantes de la humanidad:

1. Queda derogada el acta de independencia de nuestra rebelión.
2. Toda la antigua ley es cumplida, para hacerse con el galardón del Mesías enviado.
3. Una nueva Constitución es establecida.

El mandamiento más importante

La nueva Constitución no establece prohibiciones, sino imperativos que deben ser acatados por los nuevos súbditos del Reino a fin de garantizar el gobierno legalmente constituido.

> *«Se le acercó uno de los escribas al oírlos discutir y, dándose cuenta de que Jesús había respondido bien, le preguntó:*
> *—¿Cuál es el primer mandamiento de todos?*
> *Jesús le respondió:*
> *—El primero es: Escucha, Israel: El Señor nuestro Dios, el Señor uno es. Y amarás al Señor tu Dios con todo tu corazón, con toda tu alma, con toda tu mente y con todas tus fuerzas. El segundo es este: Amarás a tu prójimo como a ti mismo. No hay otro mandamiento mayor que estos dos».*
> *(Marcos 12:28-31)*

El nuevo orden implica tener un concepto relevante de la figura de Dios por encima de todas las cosas, que en su condición de omnipresente, omnisciente y omnipotente ejerce su dominio sobre toda la creación. Por lo tanto, cualquiera que se haga súbdito del Reino debe vivir una vida de dependencia absoluta de Dios y amarlo; es decir, tener el lugar de preeminencia en la vida de cada uno y en especial en el corazón, el ser y la mente.

En consecuencia, por medio de Jesús se establece la estructura original en la tierra y todo regresa al plan original:

1. **Crear un lazo consanguíneo con la humanidad al llamarnos hijos, no siervos:**
   «Pero a todos los que lo recibieron, a los que creen en su nombre, les dio derecho de ser hechos hijos de Dios». (Juan 1:12)

2. **Instaurar su Reino, no una religión:**
   «Pero recibirán poder cuando el Espíritu Santo haya venido sobre ustedes, y me serán testigos en Jerusalén, en toda Judea, en Samaria y hasta lo último de la tierra». (Hechos 1:8)

3. **Constituir un reino de reyes y sacerdotes, no de sujetos:**
   «Pero ustedes son linaje escogido, real sacerdocio, nación santa, pueblo adquirido, para que anuncien las virtudes de aquel que los ha llamado de las tinieblas a su luz admirable. Ustedes en el tiempo pasado no eran pueblo, pero ahora son pueblo de Dios; no habían alcanzado mi-

sericordia, pero ahora han alcanzado misericordia. Amados, yo los exhorto como a peregrinos y expatriados, que se abstengan de las pasiones carnales que combaten contra la vida». (1 Pedro 2:9-11)

4. **Establecer una ciudadanía, no una orden religiosa:**
   «Porque nuestra ciudadanía está en los cielos, de donde también esperamos ardientemente al Salvador, el Señor Jesucristo». (Filipenses 3:20)

5. **Forjar una relación con el hombre, no una religión:**
   «El que tiene mis mandamientos y los guarda, él es quien me ama. Y el que me ama será amado por mi Padre, y yo lo amaré y me manifestaré a él». (Juan 14:21)

6. **Ejercer su influencia en la tierra a través de la humanidad:**
   «Jesús se acercó a ellos y les habló diciendo: "Toda autoridad me ha sido dada en el cielo y en la tierra. Por tanto, vayan y hagan discípulos de todas las naciones, bautizándolos en el nombre del Padre, del Hijo y del Espíritu Santo, y enseñándoles que guarden todas las cosas que les he mandado. Y he aquí, yo estoy con ustedes todos los días, hasta el fin del mundo"». (Mateo 28:18-20)

Cada vez que pecamos, izamos la bandera de la independencia delante de Dios y nos separamos de Él, por medio de una falsa libertad que nos esclaviza al pecado que nos oprime. Pero, cuando invocamos el Nombre que es sobre todo nombre, el nombre de Jesús, confesamos y nos arrepentimos, entonces el juez, que es justo y juzga con justicia, nos permite restablecer nuestra condición de hijos y no esclavos sin derecho.

En consecuencia, en cualquiera de los dos lugares —el de la libertad plena, y el de la libertad aparente—, un líder puede estar ejerciendo influencia y creer que es libre. Sin embargo, está en cada uno de nosotros depender de Dios con el fin de evitar estar de forma ambivalente en las dos esferas del liderazgo y enfocar en el lado correcto del propósito de Dios para nuestra vida.

Bien lo dijo el apóstol Pablo en la carta a los Romanos 6:17-18

> *«Pero gracias a Dios, porque, aunque eran esclavos del pecado, han obedecido de corazón a aquella forma de enseñanza a la cual se han entregado y, una vez libertados del pecado, han sido hechos siervos de la justicia».*

Seamos libres en la libertad que da Cristo y ejerzamos el liderazgo en el lugar correcto y con el equipo correcto.

La encrucijada

Inevitablemente en algún momento enfrentarás la encrucijada de liderar en alguna de las áreas que expuse anteriormente, a las que denomino «las dos libertades».

Cuando llegues a esa encrucijada tendrás varias alternativas:

Rendirte ante las circunstancias que te dicen que Dios no existe y se olvidó de ti, aquellas que afirman que lo que es un depósito en tu corazón fue un invento de tu mente y que llegaste al lugar del fracaso que estaba destinado para ti.

Desviarte buscando alternativas en el mundo, que aparentemente son buenas y garantizan éxito inmediato, pero que, sin duda alguna, son caminos con resultados efímeros que conducen a la muerte espiritual, con las consecuencias que ya conoces.

Devolverte, que no significa retroceder, sino regresar al punto previo donde las cosas comenzaron a salirse de control y en tu humanidad trataste de solventar con tu propio entendimiento.

Arriesgarte a tomar la decisión correcta. Ahí es donde como líder debes hacer algo que no enseñan los libros de «autoayuda»: reemplazar tus propósitos y metas personales por las metas y propósitos de Dios. Así podrás ser guiado por medio de Espíritu Santo a toda verdad y serás definitivamente libre de la contaminación motivacional del mundo.

> *A veces solo creer es más difícil que hacer, porque creer implica no ver nada y esperar que Dios haga algo que esperas, que en tus fuerzas es imposible, mientras desarrollas el carácter necesario para sostenerte en lo nuevo que Dios tiene para ti.*

Por otra parte, hacer cosas, manteniéndote teóricamente activo y produciendo, hará que veas el fruto de tus esfuerzos relativamente pronto y que tengas una sensación de bienestar temporal. Esta sensación es la que ofrece el mundo que expone logros como materialización del éxito, sin contar que a la larga, con tus propias fuerzas, siempre vas a encontrarte en un lugar en el que el estancamiento es evidente.

Debo confesar que creer con fe como un grano de mostaza suena ridículo cuando enfrentas una decisión trascendental; es como querer cruzar el océano sobre un bloque de hielo, creyendo que no se va a derretir en mitad de la travesía, a 35° centígrados.

Ver más allá de lo que tienes delante en algunos momentos de tu vida puede ser tan difícil, que prefieras optar por la salida aparentemente fácil, en lugar de acceder a la dimensión donde Dios te impulsa a despertar en ti la fe extrema que puede mover esa montaña.

Dios tiene la particularidad de hacer en una semana lo que tú demorarías siete años en alcanzar; sin embargo, la terquedad en el liderazgo y la naturaleza humana siempre empujarán a subestimar el poder de Dios sobre nuestras vidas y, aún más, del propósito que depositó sobre cada uno de nosotros.

Enfaticé hace algunos años en mi libro *Efecto Laberinto: El viaje hacia un legado*, una sentencia que sigue siendo un tambor que retumba en mi mente y que sigue tan vigente como el día en la que la plasmé por primera vez en papel:

> *«La declaración de tus labios es el paso preliminar que Dios necesita oír para saber que estás determinado a alcanzar lo que estás poniendo en sus manos. Pero hay algo que debes hacer, más allá de la sola declaración: tener fe en que Dios puede hacerlo y estar convencido de que el hecho de accionar en torno a lo que declares, es lo único que garantiza poder hacerlo».* [6]

Hay un hilo muy delgado entre determinarse a hacer algo y efectivamente tener la convicción de que va a generar resultados, y hay otra aún más delgada que separa las circunstancias de la fe. Por eso solamente en manos de un gran líder radica la proporcionalidad de convivir entre el deseo personal y el deseo de Dios para hacer hasta donde nuestras fuerzas lo permitan y luego dejarlo obrar en medio del proceso, por muy difícil que parezca.

Sé que en el liderazgo muchas veces se está en esa incómoda sala de espera luego de una larga jornada de pla-

---

[6] Juan Carlos Calderón: Efecto Laberinto: El viaje hacia un legado. Juan Carlos Calderón Naveira, 2016.

nificación y ejecución, viendo correr los días y nada pasa. Ese es el momento preciso para hacer esta corta oración:

Señor Jesús, hice lo que me ordenaste hacer, y hasta aquí llegaron mis atributos, mis talentos, mis fuerzas y mi intelecto. Sé que no puedo competir con tu magnificencia, te cedo el mando y desde ahora cualquier cosa que ocurra será producto de la próxima instrucción que me ordenes y no de lo que crea que es conveniente para ver lo que me prometiste.

Las grandes preguntas que pueden estar pasando por tu mente en este instante son: ¿Qué dejé de hacer? ¿Qué quedó sin ejecutar? ¿Lo que planifiqué es imposible de lograr? Y mientras aguardas con la certeza de lo que esperas y la convicción de lo que no se ve, tu fe se va apagando porque tu mirada está puesta en tu plan.

Ahora bien, te invito a que cambies las preguntas por estas: ¿Qué debo dejar de hacer? ¿Qué puedo ejecutar de acuerdo a lo que Dios me ordenó? ¿Lo que planifiqué es posible de lograr en las manos de Dios?

Si se te acabó la fe, te presto la mía para que sigas. Más adelante seguro necesitaré la tuya, lo que sí te aseguro es que en las manos de Dios todo fructifica.

Solo te pido que cuando estés en la encrucijada de tu liderazgo, dependas de Dios para tomar el camino correcto o que al menos te detengas y te hagas esta sencilla pregunta: ¿Qué haría Jesús en mi lugar? Entonces, guarda silencio y escucha la respuesta dentro de ti. Si no la consigues, detente ahí mismo y busca aumentar tu relación con Dios, lee la palabra, ora y espera su contestación.

LOS SUEÑOS IMAGINARIOS

Uno de los elementos que durante siglos ha impedido a los hijos de Dios depender de su Padre, es la poca consciencia que se tiene sobre los atributos de este. En algunas ocasiones, es muy fácil confundir el realismo emocional de los mensajes que se predican o se enseñan, con la verdad revelada a nuestras vidas, producto del conocimiento sistemático de lo que Dios dice en su Palabra.

El liderazgo actual, y muy tristemente el redimido por la gracia a través de Cristo, muchas veces ha preferido seguir sus propias ilusiones y conceptos del Dios verdadero, y ha comenzado a creer descontextualizando el contenido de la Palabra e ignorando su perfecta voluntad para nuestras vidas.

Quiero hacer un sencillo análisis por medio de referencias anecdóticas y bíblicas, de lo que en algunos casos se ha concebido en la mente de muchos cristianos. Han creado un dios imaginario que solo existe en sus más profundos pensamientos y que está a disposición de cada uno de los que le invocan, bendiciendo todo aquello que emprenden y cumpliendo los deseos más personales y hasta egoístas, que puedan imaginar.

Conozco muchísimas personas (inclusive yo mismo) que han intentado hacer cosas que parecían buenas y agradables a los ojos de Dios. Sin embargo, al final del camino, esas actividades, emprendimientos y sueños en los que se invirtió tiempo, talento y dinero, no llegaron a ningún lado, provocando frustración, cansancio y miles de preguntas sin respuesta. Luego de una batalla que parecía interminable y devastadora, llegaron a la conclusión de que, pese a intentar buscar respuestas, no hallaron lo que produjo semejante desenlace.

Es probable que tú mismo te hayas sentido frustrado, cansado, desasistido o golpeado por muchas circunstancias, principalmente por los fracasos e intentos fallidos por alcanzar aquellos anhelos que estaban en tu corazón, pero que no se concretaron nunca.

Siento la responsabilidad de mostrarte que uno de los principales males que ha azotado al cuerpo de Cristo desde siempre, viene adherido al positivismo que vende frases preparadas, como el famoso: «sí puedes», con las que inducen a las personas a tener sueños.

Quiero acotar que yo personalmente creo que todos podemos tener sueños y metas, y que está bien planificar y procurar progresar en la vida. Sin embargo, cuando se refiere a la palabra «sueño» en un sentido amplio, no se trata solamente de apuntar a una casa o graduarse en la universidad, sino pensar en una gran visión que realmente trascienda la propia existencia. Se trata de tener anhelos, que solo de imaginarlos sean tan imposibles, que realmente se necesite depender absolutamente de Dios para lograrlos.

Mucha gente ha utilizado conceptos de la Palabra de Dios solamente para descontextualizar lo que realmente significa tener un sueño que proviene del cielo, y esto ha llevado a herir personas, generación tras generación. Hablar de un sueño no es una cosa que se deba tomar a la ligera, porque se trata de un propósito de vida. Creer que tú puedes llegar a materializarlo así nomás, es sumamente peligroso.

Creer toda
clase de fábulas

El apóstol Pablo, en la segunda carta a Timoteo 4:3,4 da una enseñanza increíble:

> *«Porque vendrá el tiempo cuando no soportarán la sana doctrina; más bien, teniendo comezón de oír, amontonarán para sí maestros conforme a sus propias pasiones y, a la vez que apartarán sus oídos de la verdad, se volverán a las fábulas».*

En estos tiempos la gente quiere que les cuenten fábulas y que les hablen de la Palabra sin ningún tipo de confrontación. Es decir, quieren mensajes «*express*», en donde lo que escuchan lo puedan poner en práctica en treinta y cinco minutos y, de esta forma, alcanzar el éxito. La receta del microondas y del propósito perfecto que te va a permitir hacerte millonario.

Sin embargo, el apóstol Pablo le enseña a Timoteo que va a llegar un momento en el cual algunas personas, líderes y miembros de las comunidades de fe, van a dejar de escuchar con consciencia lo que realmente significa tener un propósito de parte de Dios, por no tener entendimiento de los principios de su Palabra. Acomodarán los versículos o lo que trata la verdadera enseñanza según sus propios criterios y conocimientos, para escuchar todo tipo de cuentos.

Para estos débiles en la fe, creer en cualquier cosa va a ser muy sencillo, porque se conformarán con lo que les diga, en lugar de escudriñar y buscar en la Palabra lo que realmente Dios quiere decir para este tiempo. Siempre será más cómodo escuchar por cualquier red social todo tipo de cuento o fábula que parezca estar hablando de Dios, que pedirle al Señor que, por medio de una relación de amor íntima, personal y real, le conduzca a conocer la voluntad del Padre, sus propósitos y sus caminos.

El contexto que usa el apóstol denota una simpleza literaria única, ya que compara estas enseñanzas con las fábulas, que son breves relatos ficticios. Si lo analizas bien, el mensaje adulterado inventa teorías desde el humanismo y el positivismo sobre progresar, prosperar o alcanzar el éxito. Y hablar de soñar, decir que tú puedes, o que necesitas determinación, puede ser un discurso bien intencionado, que tal vez a quien lo emite le funcionó, pero sencillamente se convierten en fábulas que no son aplicables si no tienen asidero de ningún tipo en la Palabra de Dios.

¿Qué ocurre cuando una persona cree algo que no es verdad? Sencillamente, se aferra a la mentira. Ahora bien, si a esto le sumamos que las fábulas del humanismo se parecen a principios de la Palabra por imitación descontextualizada, el asunto se torna peor. Cuando siendo hijos de Dios usamos tales principios en lugar de la verdad de Cristo, entonces lo que hacemos es invocar a un dios que no es real, es decir, estamos invocando al dios imaginario.

El peor de todos los males es que si un hijo de Dios acepta estas verdades fabuladas como ciertas, por ignorancia o por voluntad propia, corre el riesgo de asumir que puede ganar la carrera por sus propias habilidades y desechar de plano la intervención divina en su vida.

El dios imaginario

Yo he asistido a conferencias en las que he escuchado a personas aseverar con vehemencia, en medio del fuego emocional del evento, frases como: «Si usted no tiene un sueño, de aquí usted sale inventándose uno...».

Por un segundo me pongo a pensar: ¿Esto es en serio? ¿Vas a poner a la gente a inventarse un sueño, y luego decirle: «adiós, gracias por venir a esta actividad»? La mente de cualquier persona, y especialmente la de un líder, puede crear sueños extraños y tan grandes e irreales como la misma imaginación se lo permita.

El asunto radica en que ese tipo de promesas no tienen fundamento en la Biblia, y cada vez que se anteponen los sueños personales a los de Dios se compromete el futuro con cosas inexistentes.

En el momento en que un líder confunde de cuál lado del propósito se encuentra, comienza a ejecutar planes que su mente se inventó, para luego ponerlos en manos de un dios que es igual al sueño: imaginario. Como ese dios no existe, se puede llegar a creer que lo que se hace en nombre de aquel, aunque sea bueno, debe agradarle. Entonces el deseo de que las cosas ocurran tal y como se han planeado se vuelve una obsesión producto de historias imaginarias donde los protagonistas están llenos de derechos «porque somos hijos de dios», que pueden pedirle todo cuanto les parezca, y que, acto seguido, ese dios debe bendecirlo.

Reflexiona en lo siguiente:

Tu «yo» consciente, producto de las fábulas, imagina un proyecto, desarrolla un plan, inventa un sueño, una visión o un propósito, e internamente lo asume y lo visualiza. Luego, como eres un hombre o una mujer de Dios, haces esta oración: «Amado dios, como yo soy tu hijo, te presento mi sueño para que tú lo bendigas»

Siendo realistas, si Dios, por medio de Jesús, es quien deposita propósitos en la vida de los que le aman y le temen, y no al revés, ¿debería Él, el Dios y Creador de todo, bendecir algo que tú te has imaginado como un propósito de vida? Definitivamente, no.

Ahora bien, Dios puede bendecir la compra de una casa, un carro, los estudios, una meta, un plan, es decir, cualquier cosa que se tenga como un anhelo en el corazón; pero cuando se habla del propósito de Dios para la vida de una persona, la grandeza y la imposibilidad de realizarlo individualmente son componentes característicos en los que solo se depende de Él.

También hay que puntualizar que cuando alguien inventa un sueño, lo cree, se obsesiona y se repite constantemente que podrá lograr todo lo que sueñe, supondrá equivocadamente que ese es su propósito de vida. El verdadero problema está en que al no ser realmente inspirado por Dios, todas las gestiones, instrucciones, herramientas, estaciones de provisión, relaciones, equipos de trabajo, en fin todo lo que se requiere para alcanzarlo, estará fuera del área de cobertura del verdadero Dios.

La obstinación por alcanzar un sueño genera en los líderes pensamientos distorsionados que les conducen a creer que son indispensables para llevar a feliz término su idea. Se convierten en líderes posesivos y controladores, porque el Señor no está en la ecuación, provocando independencia de Dios para alcanzar aquello que en su fábula depositaron en el corazón.

Etapas de un sueño imaginario

Los sueños que provienen del dios imaginario de nuestra mente tienen cuatro elementos fundamentales que están conectados entre sí:

1. **Gestación**: El sueño es inventado en su propia mente lógica.

2. **Crecimiento**: Es literalmente como si el que crea el sueño estuviera embarazado. Lo tiene en su

vientre emocional y ahí comienza a desarrollarse. En ese punto, la mente genera pensamientos que cimientan la fábula dentro de sí, tales como: «es mi sueño», «yo lo tengo», «lo voy a lograr», «lucharé por él hasta las últimas consecuencias» «haré lo que sea por alcanzarlo».

3. **Embarazo psicológico**: Como el sueño no fue engendrado del Espíritu del Dios verdadero, sino por sus emociones y pensamientos, entonces se produce un embarazo psicológico. El líder piensa que está «en cinta», cuando solamente posee un buen discurso.

4. **Alumbramiento**: En ese momento el líder va a sentir un dolor incesante, pero totalmente innecesario. Al tener solo emociones, cuando llegue el parto, como no tiene el Espíritu de Dios, ese sueño en cualquier momento se va a morir, porque para vivir va a depender del líder que se lo inventó.

Un sueño que depende del dios imaginario solamente estará vivo mientras el líder que lo creó lo esté. Siempre será un sueño prematuro y raquítico que va a morir cuando se muera el visionario, no habrá nadie que esté dispuesto a tomar las riendas, porque todas las indicaciones estaban en la mente de quien inventó el sueño.

Cuando un líder se enrola en una aventura de este tipo, nunca va a depender de Dios, solamente dependerá de sus habilidades humanas y por ende, su liderazgo será tan corto como lo son las finitas capacidades del hombre.

Etapas de un sueño de Dios

Los sueños depositados por Dios en el corazón de un líder y que son parte del propósito para el cual es llamado, tienen cuatro características aparentemente iguales a las anteriores, pero diametralmente opuestas en el fondo.

1. **Gestación:** Esta etapa de gesta se produce en intimidad, por medio de una relación íntima, real y personal con Dios. Es decir, un líder debe pasar horas delante del Padre, anhelando ser un siervo útil en el Reino y desear que sea el mismo Dios quien le indique la posición exacta y precisa que debe ocupar dentro del cuerpo de Cristo.

2. **Crecimiento:** Dentro del vientre espiritual, el mismo Señor hace crecer el sueño del tamaño de Dios. En ese momento, aunque el líder trate de imaginarse las variables, el sueño es humanamen-

te imposible de alcanzar, por tanto, la dependencia de Dios se convierte en la única respuesta visible ante la realidad que lo imposibilita.

3. **Embarazo:** Durante ese periodo el crecimiento es estable, denso, y consistente. Dentro del líder hay una certeza de que Dios está haciendo algo más allá de lo evidente y recibe lentamente instrucciones para la próxima etapa. Tu trabajo como líder es cuidar ese depósito dentro de ti hasta el momento en que esté listo para materializarse en lo natural. Tu liderazgo cambia, tu carácter es formado, tus fuerzas son probadas y sobre todo, tu fe. En esta etapa que parece interminable, tu dependencia de Dios aumenta exponencialmente en espera de la intervención divina.

4. **Alumbramiento**: Cuando llega el «de repente» de Dios en la vida del líder, inicia una etapa de dolor que no tiene que estar ligada al sufrimiento, sino más bien al esfuerzo del parto en sí. Ese dolor temporal va a hacerle sentir que está literalmente pariendo, para dar paso a la vida. Cuando el líder ve aquello, todo el sacrificio y sufrimiento vivido anteriormente desaparece, porque al tener vida en el espíritu, ese propósito de Dios vive y permanece

eternamente al ser engendrado por el Dios verdadero en un cuerpo humano y no es la mente del dios imaginario.

> *Si entiendes que tu llamado y propósito no tienen que ver contigo, que no se trata de ti, ni de lo que quieras hacer, así como tampoco de lo que te parece bueno, entonces estarás más cerca de avanzar sin tropiezo hacia el plan de Dios para tu vida.*

Un líder que depende de Dios y sabe que fue llamado con un propósito eterno, hará todo lo necesario para obedecer al Dios del llamado y nunca a sus emociones o sus fábulas imaginarias. Entiende que, aunque lo va a cuidar y alimentar, el sueño, la visión y propósito son de Dios para su vida y por eso tiene que correr, porque Dios mismo está comprometido con aquello que depositó en el corazón del líder.

Si estás leyendo esto, quiero invitarte a que te tomes un momento de tu tiempo y reflexiones en lo que estás haciendo actualmente y en oración le preguntes al Señor si eso es un sueño de Dios o es una fábula inventada por tus emociones.

En caso de que la respuesta sea desafortunada, te recomiendo que sigas los siguientes pasos:
1. Aborta ese sueño antes que crezca en tu mente.
2. Renueva tus votos con el Señor.
3. Vuelve a ser un discípulo de Jesús.
4. Alimenta tu relación personal con Dios.
5. Renueva y desintoxica tu mente.
6. Espera nuevas instrucciones.
7. No te mueras en el lado equivocado.

> *Un líder que depende de Dios y sabe que fue llamado con un propósito eterno, hará todo lo necesario para obedecer al Dios del llamado y nunca a sus emociones o sus fábulas imaginarias.*

Dios tiene un *plan* perfecto y un *propósito* diseñado desde y hasta la eternidad para cada uno de nosotros. Sin embargo, si en lugar de seguir el plan original y trabajar en sus propósitos, haces uno de acuerdo a tu voluntad, alterarás la naturaleza y la composición del diseño original de Dios.

¿Qué ocurre entonces?
1. Como es *tu plan*, no le rindes cuentas a Dios de eso.
2. Cómo es *tu propósito* y no el de Dios para tu vida,

se te olvida depender de Él.
3. Como crees que *puedes solo*, únicamente usas tu inteligencia y no la sabiduría.
4. Cómo estás *ciego espiritualmente*, nada más empleas tus talentos, pero jamás tus dones.

La desobediencia es rebeldía y la rebeldía conduce al **ADULTERIO ESPIRITUAL,** en consecuencia un líder puede:
1. Ser feliz sin estar ejerciendo el plan de Dios para su vida.
2. Estar toda su vida trabajando sin considerar el propósito de Dios para él.
3. Construir un emporio solamente utilizando los talentos naturales que posee.
4. Emplear solo su inteligencia para llegar lejos.

Ahora bien, nota la diferencia con las afirmaciones que leerás a continuación, trata de internalizar las consecuencias de seguir haciendo las cosas de la manera en que las haces, y considera cambiar ahora mismo.

El éxito en el liderazgo de alto impacto radica en que tú puedes y debes:
1. Ser feliz ejerciendo el plan de Dios para tu vida.
2. Trabajar en el propósito de Dios para ti.
3. Construir un legado empleando los talentos naturales y los dones espirituales que posees.

4. Usar la sabiduría en tu vida para romper todo límite.

Todo esto se resume en la enseñanza que Jesús deja en el evangelio de Mateo: «Lo más importante es que reconozcan a Dios como único rey, y que hagan lo que él les pide. Dios les dará a su tiempo todo lo que necesiten».[7]

Tener un propósito dado por Dios genera dependencia absoluta para aquel que es llamado, por ende, en el momento en el que un líder se encuentra fuera de ese propósito, depende de sus propios esfuerzos y proyectos.

Para llegar al plan de Dios en nuestras vidas, se hace necesario que cambiemos nuestra manera de pensar, a fin de que, siendo conscientes de nuestro lugar dentro del Reino, materialicemos a través de nuestras acciones las instrucciones que el Creador nos indique. De esa forma no seguiremos adelante en una empresa personal y egocéntrica que a la larga carece de sentido y jamás tendrá impacto en lo eterno.

---

7 Mateo 6:33, TLA

LA NECESIDAD DE UN CAMBIO

Un personaje poco conocido por algunos es el rey Josías, quien gobernó el reino de Judá cerca del año 608 a.C. Parece hasta ilógico pensar que ascendió al trono a los ocho años; sin embargo, el relato de 2 de Crónicas así lo narra, con lo cual en su niñez comenzó su liderazgo.

Hasta ese entonces, todos los reyes que le antecedieron habían hecho cosas detestables delante de Dios, tanto, que a través de profetas las consecuencias de sus actos y la sentencia de juicio contra ellos ya estaba emitida desde el mismo Reino de Dios.

Cuando detallamos los hechos de su reinado, vemos que desde niño buscó a Dios, conforme lo hacía en su tiempo el rey David, y a causa de su búsqueda intencionada, ocurrió un giro en la historia del pueblo de Israel, quien durante años había desviado su corazón en pos de los dioses paganos.

De la nada, salta a la vista esta frase en el relato, cuando Josías tenía veintiséis años: *«He hallado el libro de la Ley en la casa del Señor»*.[1] Llama la atención que dicho hallazgo ocurrió como producto de las acciones del rey, quien purificó el país y el templo. Mientras ellos actuaban, Dios colocaba la evidencia del libro frente a los ojos del sacerdote Hilquias.

¡Qué gran sorpresa! Un libro que Moisés había dejado escrito de parte de Dios, que establecía los estatutos que debían cumplir, por los cuales la nación entera debía regirse; un libro que solo se conocía por referencias.

El relato me lleva a pensar que una de las características esenciales de Josías fue su dependencia de Dios. Te lo demostraré con los hechos que anteceden el encuentro con la Ley:

1. Era solo un niño cuando ascendió al trono.
2. No tenía modelos familiares de adoración a Dios.
3. Sus antecesores gubernamentales fueron idólatras.
4. Su familia hacía prácticas religiosas detestables.

---

[1] **2 Crónicas 34:15**

5. Creció con un corazón temeroso de Dios.
6. Buscó a un Dios de referencia, ya que no conocía la Ley mosaica para cumplirla cabalmente.

Josías, quizás por pura intuición, producto de las referencias de los sacerdotes o por la influencia de alguien temeroso del Padre, trató de asumir el liderazgo de la nación y llevarlos al único y verdadero Dios. No obstante, no fue sino después de dieciocho años de trabajo intencional que el Señor mismo se les revela y les muestra el lugar escondido de la Ley.

En ese preciso momento, el rey se encuentra en una encrucijada que podía conducir a la nación entera a la destrucción, como en efecto era el camino que estaban llevando; o, por el contrario, generar un cambio profundo en el gobierno y procurar que el favor de Dios alcanzara a un país al borde de la catástrofe que ya había sido anunciada.

¿Qué hace Josías al enterarse de que habían ofendido a Dios por décadas? Generar el cambio de rumbo con la variable adicional de tener una dirección precisa de parte de Dios para hacerlo. El libro de la Ley tenía las instrucciones para que ese cambio se produjera conforme a la voluntad de Dios. El rey ejerció su liderazgo en total dependencia y absoluta confianza en el Señor, que sin lugar a dudas era el propulsor de su propósito de vida.

Una de las cosas que más me apasionan es ayudar personas a generar cambios profundos en su liderazgo, impulsarlas a descubrir el propósito de Dios para sus vidas, así como ayudarlas a desarrollar su máximo potencial. Sin embargo, en algunas ocasiones, veo reacciones adversas en el proceso de estiramiento al que los someto para dejar de ser lo que son y convertirse en lo que deben ser.

> *Cuando un líder no toma la decisión de cambiar y depender de Dios en cualquiera que sea su ámbito de influencia, quedará atrapado en un presente que hoy debería ser su pasado. Tomar una decisión de alto riesgo conlleva tener niveles de intimidad con Dios que no han sido experimentados nunca y una fe determinante para que se pueda avanzar, en la mayoría de los casos, a ciegas. Los cambios implican fe y acción.*

No es de sorprenderse que los líderes conserven pensamientos sistemáticos y recurrentes que los atan al pasado y que traigan al presente escenarios de fracaso que no se superan, dejando en el presente una falsa calma para que no se agite el sistema circunstancial que los rodea.

El presente, sin lugar a dudas, está determinado por las decisiones que se toman en el pasado; sin embargo, hay una pequeña ventana que permite ver más allá de las realidades actuales y ponen en evidencia que, de este lado, en el presente, hay limitaciones que te impiden avanzar rumbo a las estaciones de abastecimiento que Dios ha preparado para tu vida en el futuro.

Los líderes tienen que revisar el hoy cada cierto tiempo para conocer conscientemente, qué tipo de decisiones, procesos, fracasos o éxitos, los han llevado a ese punto de reflexión. En ese momento deben fijar el tope que no les permite avanzar y conocerlo a fondo, buscar dirección de Dios, creer en sus promesas y cruzar dependiendo de Él, para dejar atrás las limitaciones y responder con valor mirando el futuro.

Ahora bien, ¿por qué cuesta cambiar? La respuesta es sencilla: La gente no se resiste al cambio, se resiste a cambiar personalmente. Los cambios son reales, relevantes y cuando se implementan proporcionan resultados increíbles, pero implican un giro de ciento ochenta grados. Implican renovar la mente con regularidad, aferrarse a un Dios invisible que se muestra con señales palpables y sobre todo, depender de aquel que confirmó la Palabra en el pasado con la promesa de un mejor futuro.

Cuando los cambios se hacen a la manera de Dios, es decir, siguiendo instrucciones divinas y no intuiciones emocionales y mundanas, los líderes logran el éxito, no como lo ve el mundo, sino como Dios lo determina.

> *Si haces cambios sin la dirección de aquel que te creó, las consecuencias siempre van a ser nefastas.*

¿Qué provoca que las personas no quieran cambiar?

Todo lo que nos rodea en nuestro exterior sufre cambios. Solo por citar algunos: las estaciones varían, los mares se mueven, las estrellas orbitan, en fin, toda la creación varía por principios universales en su cotidianidad y no permanece atada a la monotonía; es decir, el cambio es un hábito.

El libro de Lamentaciones presenta una referencia que explica el contexto del cambio, en su más pura y absoluta realidad:

> *«Por la bondad del Señor es que no somos consumidos, porque nunca decaen sus misericordias. Nuevas son cada mañana; grande es tu fidelidad!» (Lamentaciones 3:22-23)*

Ahora bien, los seres humanos generalmente creen que no existe forma de iniciar lo nuevo, a menos que lo malo termine. El asunto es que al ser hombres y mujeres de costumbres, aunque parezca increíble, nos habituamos a lo malo, a lo mediocre, a lo no excelente. Sin embargo, para Dios el cambio es algo cotidiano, ya que cada mañana sus misericordias se renuevan, por lo tanto, hay certeza de que si el cambio está ordenado por Dios, el éxito está garantizado.

Si el cambio está ordenado por Dios, el éxito está garantizado.

En algún momento en el desarrollo del liderazgo, hay que dejarlo todo atrás para empezar una nueva temporada. El asunto es estar consciente del momento exacto para seguir hacia adelante, ya que para crecer se tiene que cambiar, y parte del proceso es concluir asuntos pendientes a fin de evitar quedarse estancado de manera inevitable en un presente sin salida.

Los líderes, empresarios, emprendedores, ministros, pastores e incluso los sujetos de a pie, deben terminar sus proyectos, sus ideas geniales, sus estrategias del ayer para poder enfocar todas sus energías y tener los recursos suficientes para llevar sus vidas y negocios al mañana.

Dios lo hizo en el Génesis al finalizar la creación:

> *«Dios vio todo lo que había hecho, y he aquí que era muy bueno. Y fue la tarde y fue la mañana del sexto día». (Génesis 1:31)*

Lo que había iniciado, lo concluyó y, además, lo revisó.

Te quiero hacer una pregunta para que reflexiones: ¿Cuántas veces has avanzado y mirando hacia atrás **conscientemente**, validaste si lo que hiciste era bueno o malo? Revisar en el pasado es una acción que determina el avance de tu liderazgo, ya que te permite conocer tu presente, te conduce a hacer ajustes y a generar cambios dependiendo de Dios.

Cuando los líderes se estancan en algo que no funciona, se aferran al pasado creyendo que eso será lo mejor que sus ojos pueden ver, sin darse cuenta de que hay que cambiar para ver las promesas de Dios sobre nuestras vidas.

Medita en esto:

> Hay organizaciones que conservan personal ineficiente que debió haber sido despedido hace mucho tiempo.
>
> ———
>
> Hay personas que han permanecido por décadas en empleos que les causan daños de todo tipo.
>
> ———
>
> Hay un sinnúmero de empleados trabajando en la posición equivocada porque les da miedo pedir un traslado.
>
> ———
>
> Hay millones de emprendedores atascados en empresas, solo porque les pagan un sueldo.
>
> ———
>
> Hay empresas que deben cambiar y adecuarse a la realidad actual, pero se resisten a hacerlo porque quienes las dirigen son inseguros.

> *La gran conclusión es que durante gran parte de sus vidas los líderes prefieren no cambiar escudándose una supuesta «seguridad», cuando la verdad es que sienten miedo a lo desconocido.*

La respuesta general a este problema de resistencia al cambio, no radica en las estrategias de las empresas, ni en los planes mal diseñados, radica en que los líderes son humanos y temen a los daños colaterales y otros aspectos estratégicos que los lleven a una crisis. Sin embargo, antes de una gran crisis siempre existieron cambios que no se ejecutaron en su debido momento. La crisis en muchas ocasiones solo es un detonante que evidencia la necesidad de cambiar.

> *La crisis en muchas ocasiones solo es un detonante que evidencia la necesidad de cambiar.*

Por eso es tan importante depender de Dios en los cambios, siempre y cuando estos sean orquestados y ordenados por Él.

Límites para el cambio

Existen muchos condicionantes que se convierten en barreras para el avance y el desarrollo; son límites para el cambio. Comparto contigo algunos de ellos:

1. No hemos adquirido el discernimiento, el valor y las habilidades para iniciar, concluir y completar los cambios.

A nadie se le enseña acerca del cambio en las universidades o en las escuelas regulares. La necesidad de cambio es una perspectiva que se desarrolla con el tiempo, luego de un largo periodo de estancamiento en el liderazgo.

Es difícil pensar que el cambio puede llegar a ser algo que ocurre automáticamente, ya que este debe, por interpretación conceptual, ser producido de forma voluntaria.

Un líder no podrá distinguir claramente entre estancamiento y cambio; o entre gestionar actividades estériles en el lado incorrecto del propósito, y crecimiento; puesto que, en ambas situaciones, no existe punto de referencia que le indique la necesidad de girar el timón en dirección diferente a la que lleva su vida. Es por ello que darle un valor primordial al cambio dentro del liderazgo, en la justa medida, le permite al líder manipular las variables correctas y flexibilizar los métodos para llegar a donde debe.

Salvo en casos experimentados, es probable que los líderes suelan hablar del cambio y de cómo se gestiona, sin saber determinar, en medio del ejercicio de su liderazgo, las fases del modelo de cambio: planificación, inicio, gestión, conclusión y análisis de resultados.

2. No estamos listos para ir donde deberíamos.

En la gran mayoría de los casos, los líderes carecen de la perspectiva correcta para determinar si la hoja de ruta trazada es la correcta o no. Incluso aquellos que aseveran que es una instrucción de parte de Dios, siempre tendrán sus dudas razonables en cuanto al camino trazado. Esto sucede porque Dios es experto en indicar sus propósitos en nosotros y en dar instrucciones, pero el desarrollo de las mismas incluye pasos a ciegas para probar la fe de aquel que fue llamado a ejecutarlas.

> *Dios es experto en indicar sus propósitos en nosotros y en dar instrucciones, pero el desarrollo de las mismas incluye pasos a ciegas para probar la fe de aquel que fue llamado a ejecutarlas.*

Al estar en medio de un proceso en el cual se sienta la más mínima comodidad, corremos el riesgo de abandonar el ímpetu inicial para entrar en la fase de inercia del propósito. Se tiende a creer que es mejor permanecer ahí para no llegar equivocadamente a otro lado, donde humanamente no estemos preparados para llegar.

3. Hacemos cosas estériles.

> *Un gran mal que abunda en el liderazgo de hoy en día es el síndrome de sentirse bien estando ocupado. Hacer un sinfín de cosas para asumir que se ejerce perfectamente el liderazgo es una de las más grandes mentiras de la actualidad, que ha generado a muchos líderes un retraso indecente en cuanto al llamado de Dios para sus vidas.*

Si objetivamente te detienes a pensar en todo lo que haces en tu día a día, te garantizo que más del 80% de ellas solo producen el 20% de los resultados esperados. Y tristemente, en lugar de cambiar la metodología de trabajo, es decir, hacer el 20% de las actividades que generan el 80% de resultados, los líderes se conforman con sentirse satisfechos con las añadiduras que obtienen producto de los asuntos estériles que atienden.

4. No le damos importancia a terminar lo que empezamos.

La más grave de las debilidades humanas es dejar las cosas sin terminar. Los líderes de alto impacto empiezan las cosas y las terminan, de lo contrario esa debilidad de carácter, no solamente se exterioriza, sino que además permea en todos los estratos individuales del equipo como una máxima organizacional.

El hecho de no terminar las cosas que se empiezan es un aspecto muy común en el liderazgo actual, que a todas luces reduce la posibilidad de cambio, ya que, al no tener el hábito de finalizar los procesos, tampoco se hace importante producir cambios y ejecutarlos hasta las últimas consecuencias.

Todo el diseño de Dios tiene un principio y un final. Nosotros debemos imitar el orden establecido por este para que nuestro liderazgo llegue a ser lo que Él espera que sea.

5. Albergamos falsas expectativas e ilusiones.

Los líderes tienen expectativas erradas o sobrevaloradas de lo que esperan; por tanto, el afán por ver cumplidas sus ilusorias fantasías les impide gestionar racionalmente los cambios que necesitan hacer en sus vidas.

Seguir esperando que las cosas por sí mismas ocurran, ha sido desde siempre uno de los más trágicos capítulos del liderazgo y de aquellos líderes quienes, al seguir al dios imaginario, creen que sus emociones son respuesta a sus oraciones egocéntricas y deben cumplirse.

> *Las falsas expectativas y las ilusiones impiden naturalmente el cambio, por eso un líder de alto impacto debe estar centrado en las realidades y las promesas de Dios, pues estas son garantía única de cumplimiento en su tiempo.*

6. No somos capaces de hacerlo.

Sentirse capacitado para el cambio es un proceso

que puede llevar la mayor parte de la vida de un líder y en algunos casos, ni siquiera se alcanza dicha habilidad. Solamente aquellos que han propuesto el cambio como un hábito en su sistema de operaciones diario, pueden sentir la tranquilidad de evolucionar o dejar de hacer cosas que evidentemente no están funcionando.

Es muy poco probable que alguien se sienta idóneo, hábil o diestro con base en sus cualidades y atributos propios para gestionar el cambio. Por eso, la sensación de incapacidad se convierte en una debilidad para gestionarlo.

¿Qué hacer?

Gestar y concluir una variación de pensamiento, de conducta o inclusive un cambio de vida radicalmente opuesto al que se posee, puede ser, si se piensa en frío, un shock anticipado.

Un cambio puede implicar dejar de hacer cosas que parecían buenas en una temporada, e incluso agradables, para dar paso a algo que de entrada no lo será, pero que tendrá rendimiento mucho más efectivo en el futuro. Por tanto, el temor a lo desconocido siempre va a ser una sensación que permea el ser.

> *Dios necesita líderes valientes, dispuestos a obedecer a ciegas, para descubrir dentro de sus corazones que las bendiciones más grandes para nuestra vida, no se encuentran en el presente, sino en el futuro.*

Cuando Dios conjuga lo que hacemos con nuestro llamado, es probable que sintamos que la instrucción que recibimos no está alineada a lo que en primera instancia parece ser una nueva forma de hacer las cosas. Pero la verdad es que Dios necesita líderes valientes, dispuestos a obedecer a ciegas, para descubrir dentro de sus corazones que las bendiciones más grandes para nuestra vida, no se encuentran en el presente, sino en el futuro.

Sé que la fe y las emociones actúan en la misma película, una como protagonista y la otra como antagonista de tu propia vida; pero la fe es, sin duda, el elemento conector con una realidad futura, que va mucho más allá de las sensaciones y que le permite a los líderes actuar en consecuencia para tomar decisiones complejas.

Por eso, ahora que descubriste tus debilidades humanas para evitar el cambio y te has decidido a creer y sobre todo a depender de Dios en esta nueva aventura llamada transformación, comparto contigo dieciséis consejos que te ayudarán a dar inicio a este camino y llevarlo a feliz término. Lo que leerás a continuación no es más que un sencillo proceso que te ayudará a percibir que el cambio es necesario y que la barrera del temor, cuando estás en las manos de Dios, es imperceptible.

Te invito a tomar las siguientes decisiones y convertirlas en acciones:

1. Termina las cosas de forma apropiada. Esto incluye relaciones, amistades y cualquier otro elemento que detenga el avance.
2. Aprende las lecciones y enfréntate de manera activa a tus realidades.
3. Aprende a llevar hasta el final el cambio, asimilarlo de manera apropiada, sobrepasar los límites y patrones de comportamiento y analizar en detalle las áreas que afectan el avance de tu potencial.
4. Rompe con patrones y hábitos.
5. Elimina los excesos; poda lo que no hace falta.
6. Acostúmbrate a los cambios y evita el estancamiento producido por la costumbre.
7. Genera esperanzas correctas por encima de tus emociones.
8. Busca personas de confianza e influencia que apoyen el cambio.

9. Genera un ambiente de urgencia. El cambio no puede esperar.
10. Promueve un ambiente de motivación y un clima de esperanza interno.
11. Rompe las barreras internas y externas que impiden materializar tu siguiente paso hacia el cambio.
12. Toma la decisión de protagonizar.
13. Fija las estrategias.
14. Asume el dolor de la pérdida; Cambiar implica perder algo para ganar algo.
15. Realiza un inventario final de lo que habías perdido, de lo que dejaste de obtener, de lo que perdiste en el camino y de lo que debes superar.
16. Prepárate para la acción.

Depender de Dios es la mejor alternativa para enfrentar el cambio desde la perspectiva de aquel que te llamó, con el fin de preservar el propósito hermoso que ha depositado sobre tu vida.

Beneficios del cambio

Cada vez que un líder equivoca el rumbo, o se estanca producto de tomar la decisión incorrecta en el ejercicio de su liderazgo, debe cambiar y hacerlo lo antes posible, pero lo más importante es que lo haga tomando en consideración las directrices de Dios. En medio del proceso, debe seguir las instrucciones y depender confiadamente en su Creador mediante el Espíritu de verdad, para que las cosas salgan como deben ser y no como él esperaba.

En medio de los cambios, Dios regala un sinnúmero de beneficios por seguir sus directrices precisas y depender exclusivamente de Él. Algunos de ellos son:

1. Superación de los ciclos.
1. Finaliza la etapa del dolor.
2. Empieza la fase de crecimiento.
3. Consecución de metas.
4. Se renuevan las esperanzas.
5. Si no cambiamos: se pierden oportunidades y el ciclo de la miseria y la autoconmiseración se repite.

Crisis de
dependencia

Dios convenció a Moisés para que se involucrara en la liberación de Israel que Él llevaría a cabo, y luego la fe de Moisés se describe en Hebreos como un modelo de sacrificio de sí mismo y de confianza en un Dios todopoderoso. La revelación del plan que Dios le hizo a Moisés se constituyó en la invitación para unirse a él.

Dios no va a llamar a alguien para liderar en un momento específico de la historia, simplemente para que la gente vea lo que está haciendo. Un líder es llamado por Dios para realizar una misión que no se pueda realizar sin Él. Siempre el encargo podrá parecer tan grande como Dios mismo.

Por tanto, cuando el Señor te llame para hacer algo que humanamente no puedas hacer, estarás frente a una gran crisis en medio de tus convicciones y no tendrás más alternativas que:

1. Hacerte a un lado y dejar pasar el llamado.
2. Depender absolutamente de Dios y dar un paso rumbo a lo desconocido.

Evidentemente, la manera en la que un líder responde ante el llamado de Dios en un momento especial de su vida, y muy a pesar de lo que los demás digan, va a determinar lo que este cree y cuáles son sus convicciones acerca de Dios.

Es fundamental en esta etapa que el líder acepte que la antesala al cambio provocado por Dios en su vida, deviene de la necesidad de este de poner a prueba sus convicciones. Pero aún es mucho más importante que entienda con absoluta exactitud la instrucción que Dios le está dando.

> *La manera en la que un líder responde ante el llamado de Dios en un momento especial de su vida, y muy a pesar de lo que los demás digan, va a determinar lo que este cree y cuáles son sus convicciones acerca de Dios.*

En el momento de la crisis previa a la dependencia de Dios, muchas personas no están dispuestos a avanzar porque desconocen todas las variables, es decir, prefieren que Dios mismo le diga todas las piezas del rompecabezas para tener certeza y seguridad a la hora de actuar. El asunto es que Dios no trabaja así; Él da una instrucción imposible de cumplir y luego que el líder obedece, comienza a ver las pequeñas instrucciones secundarias para ir avanzando.

> *El Dios que llama, cumple, cuando un líder obedece.*

Depender en esa etapa implica que el líder no va a poder caminar en el propósito de Dios por vista. Los líderes que dependen de Dios solamente pueden hacerlo por medio de la fe, convencidos de que el Dios que llama, cumple, cuando un líder obedece.

En ese momento crucial de la vida, los líderes que dependen de Dios subordinan sus propias acciones y sus propios sueños a lo que Dios les está indicando. Se suman voluntariamente al plan de Dios para que Él bendiga todo lo que hagan, y no al contrario.

Quiero ponerte en contexto de lo que ocurría con nuestro personaje. Pareciera un tanto ridículo que Dios le pidiese a Moisés que liberase a su pueblo, en las condiciones en las que él mismo se encontraba en ese momento, ya que cuando se le presenta en la zarza ardiendo, el patriarca estaba en el exilio y vivía en el desierto. Con todo aquello, realmente este debía depender de Dios para realizar semejante tarea, pues todas las circunstancias, los escenarios, el panorama presente y todo lo que estaba alrededor aparentemente le indicaban a Moisés que ese no era el tiempo para realizar semejante gesta libertaria.

Sin embargo, Moisés, a pesar de sus excusas, se atrevió a creer que la voz que oía era la de Dios y que, sumándose a su plan y no al suyo, podría alcanzar lo que en ese momento se le está ordenando. Moisés creyó que obedeciendo sería ese gran líder, por el cual el pueblo de Israel estaba clamando a gritos en medio de la cautividad en Egipto.

Quiero hacerte unas preguntas para que reflexiones: ¿Qué hubieses hecho tú en el caso de Moisés? ¿Hubieses cuestionado la voz de Dios o sencillamente obedecido a ciegas? ¿Hubieras puesto las mismas excusas o quizás hubieses añadido otras?

La verdad sea dicha: los líderes que dependen de Dios deben desarrollar una fe que sobrepasa cualquier límite y paradigma que se haya fijado en su mente y creer de forma tal, que a través de ella los atributos de Dios pueden ser puestos en evidencia a través de la obra que va a perfeccionar cada día en ellos.

> *¿Quieres ser un líder de alto impacto? Prepárate para escuchar la voz de Dios, atender a su llamado, obedecer y depender absolutamente de aquel que te llamó.*

SOBRIEDAD MENTAL 4

En el mundo tan demandante y agobiante en el que se desarrolla el liderazgo actual, la mente se satura y se intoxica de información producto de la sobrecarga de elementos visuales que se encuentran en todos los medios de comunicación y en especial, las redes sociales.

Para nadie es un secreto que la exposición reiterada y sistemática de conceptos, ideas e imágenes por segundo, originan en nuestro cerebro deseos incesantes por obtener más y más información. Esto ocurre porque la ratificación constate de un contenido no le permite al cerebro producir mapas mentales, ni mucho menos, ordenarlos sistemáticamente para generar ideas; sino que, por el contrario, lo llena de imágenes difusas que procuran demandar una necesidad exterior que la mente jamás produjo.

A este proceso de saturación de contenido se le denomina «infoxicación» y aunque dicha palabra no existe en el diccionario actual, es un término comúnmente usado para definir el exceso de información en la mente. Ese reiterado bombardeo informativo lleva a los seres humanos a no profundizar en los conceptos recibidos, ya que demasiada información limita de manera significativa la capacidad para comprender.

El problema radica en que el sistema está diseñado precisamente para ello, para no profundizar sobre temas específicos. En consecuencia, todo lo que se presenta a nuestra vista tiene apariencia de verdad, y al no existir un contrapeso, una verdad relativa, esto se convierte en una creencia para aquel que lo percibe.

Sin embargo, una persona que, en lugar de recibir información dispersa e incesante, profundiza sobre un tema específico, puede discernir con claridad dentro de un sinfín de variables lo que es verdadero y falso, y aplicar el consejo de Pablo a los Tesalonicenses: «[...] sino pongan a prueba todo lo que se dice. Retengan lo que es bueno. Aléjense de toda clase de mal».[1]

Siendo un poco más concreto, la gran preocupación es que esta generación está expuesta a la mayor cantidad de

---
1 1 Tesalonicenses 5:21-23, NTV

información que jamás la humanidad haya percibido. Irónicamente, ese exceso de datos no la está conduciendo a profundizar, sino más bien a satisfacerse con la superficialidad del contenido, siempre y cuando entretenga.

El autor y consultor empresarial, Alfons Cornellá, quien ha estudiado y escrito abundantemente sobre este tema, indica que los síntomas de la «infoxicación» son evidentes en estos casos:

> «Cuando (el individuo) *siente que no puede manejar toda la información que cree que debería manejar. O sea, cuando la información que le rodea en su día a día le angustia. Uno está infoxicado cuando no puede absorber más información, cuando todo lo que hace es remitir la información que recibe a otros, a sus amigos, a sus contactos en las redes sociales. Pero hay un síntoma incluso más claro: estás infoxicado cuando te resulta difícil leer un texto de forma pausada, palabra a palabra; cuando lees saltando palabras, porque te has acostumbrado a leer así en diagonal. Estás infoxicado cuando lees sin entender lo que lees».*[2]

---

[2] Alfons Cornella: Infoxicación. [en línea] Disponible en: <https://alfonscornella.com/2013/10/02/infoxicacion/>

¿Qué ocurre entonces cuando un líder está «infoxicado» y tiene que contrarrestar lo que el mundo comparte? Pues que se le hace difícil profundizar en su relación con Dios por medio de las Escrituras.

El exceso de información distrae de tal manera que cuando buscas a Dios en su Palabra, la mente demanda velocidad y no puede leer palabra por palabra de forma pausada.

Con razón el apóstol Pedro indica que «Ya se acerca el fin de todas las cosas. Así que, para orar bien, **manténganse sobrios** y con la **mente despejada**».[3]

Un líder que depende de Dios debe mantener la sobriedad para evitar la «infoxicación» y de este modo tener la mente despejada para percibir, por medio de la sabiduría divina, la realidad de las cosas que ocurren en su entorno a través del filtro de la Biblia.

No puede alguien creer las verdades absolutas de Dios descritas en su Palabra, si no renueva su mente de las verdades relativas que el mundo expone como ciertas y que, para el caso que nos ocupa, enfoca el liderazgo desde una perspectiva diametralmente opuesta a la que se conoce hoy en día.

---
[3] 1 Pedro 4:7

La voluntad de Dios es buena, agradable y perfecta, pero solamente se podrá conocer de manera certera cuando el líder se disponga a desintoxicarse por medio de la renovación de la mente a la que refiere el apóstol Pablo, en Romanos 12:2.

> *«No se conformen a este mundo; más bien, transfórmense por la renovación de su entendimiento, de modo que comprueben cuál sea la voluntad de Dios, buena, agradable y perfecta».*

Cuando el sistema de recopilación de información pase de ser acelerada y sin contexto, a disciplinada y consciente para generar hábitos espirituales que lleven a una comprensión sistemática de la verdad, entonces habrá contrapeso sobre la información recibida.

Creer como niño

En el liderazgo, uno de los factores que incide directamente en la sobriedad mental y por ende, en la dependencia de Dios, es creer.

A simple vista, cualquier persona diría: ¡Oye, pero es que yo creo! Y podría ser cierto, pero la diferencia se encuentra en la profundidad. Entender que, en esencia, el conocimiento del Dios verdadero dispara en nuestra perspectiva espiritual la concepción de un Ser Supremo, al cual no se puede ver, pero que existe, y muestra su veracidad en cada elemento que nos rodea, eso es realmente creer.

Creer sin dudar muestra la capacidad humana para tener algo por cierto, sin conocerlo de manera directa o sin que esté comprobado o demostrado. Es decir, para poder tener certeza de Dios, debemos tener fe y convicción.

Pero, ¿qué ocurre cuando las circunstancias apremian y se ponen a prueba nuestras creencias? Ahí es donde emerge de nuestro corazón la concepción que tenemos de Dios.

La fe es una de las maneras en las que pensamos, ya que permite comunicar nuestro intelecto finito con el intelecto infinito de Dios. Es decir, nos permite conectar con la mente de Dios, para poder interpretar sus pensamientos.

El mecanismo para entender un pensamiento proveniente de Dios, que contiene una instrucción precisa, requiere que el Espíritu traduzca dicho pensamiento desde el subconsciente y lo conduzca hasta la mente consciente para que sea de posible ejecución. Sin embargo, como es imposible hacerlo visible en ese momento, lo imperativo es orar y pedir ayuda a Dios para verlo, mientras hacemos pequeñas cosas que nos conduzcan a los resultados preliminares.

> *La fe permite comunicar nuestro intelecto finito con el intelecto infinito de Dios. Es decir, nos permite conectar con la mente de Dios, para poder interpretar sus pensamientos.*

Pero, ¿cómo ocurre ese proceso de traducción simultánea de un pensamiento que procede de Dios? Sencillo: a través de la yuxtaposición de pensamientos que encuentran su composición en la Palabra de Dios.

Jesús, en una de sus cátedras magistrales, que se encuentra registrada en Mateo 18:1-9, les enseña a sus discípulos partiendo de esta pregunta:

> *«¿Quién es el más importante en el Reino de los cielos?»*

Yo imagino que los aprendices estarían esperando una gran clase doctrinal y teológica basada en la Torá; sin embargo, en su cotidianidad fascinante, manda a llamar a un niño a quien puso en medio de ellos para enseñarles. Toma la Palabra, todos hacen silencio y Mateo, como siempre, libreta en mano, se dispone a anotar cada detalle que pueda servir en el futuro para repetir el modelo. Jesús irrumpe entre los murmullos de las personas y dice:

> *«De cierto les digo que si no se vuelven y se hacen como los niños, jamás entrarán en el reino de los cielos».*

Sus caras debieron ser un poema; sin embargo, el maestro continúa su disertación práctica agregando:

> *«Y a cualquiera que haga tropezar a uno de estos pequeños que creen en mí, mejor le fuera que se le atara al cuello una gran piedra de molino y que se le hundiera en lo profundo del mar».*

Pareciera que la enseñanza se centra en la condición del creyente, que es como un niño para las cosas de Dios, y navegando un poco más profundo, acerca de la grandeza que hay en creer como lo hacen los niños: sin miramientos y sin condiciones.

Quiero explicarte de manera sencilla lo que realmente significa creer como niño y por qué el Señor utilizó tal comparación para dar a entender los asuntos del Reino:

Cuando alguien le dice a un niño que Santa Claus recorre el mundo en un trineo tirado por renos que proceden del polo norte, para repartir los regalos en diciembre, aunque sea una mentira, genera en él una dimensión desconocida de pensamientos e imágenes que se graban de manera inmediata en su subconsciente. Entonces comienzan a gestarse en su mente las primeras impresiones de lo que será aquella magnífica historia de navidad.

Y resulta que todo sale como se ha previsto y el 25 de diciembre, en la mañana, el niño se despierta y encuentra una cantidad de regalos bajo el árbol de Navidad. Además, al ver la emoción que tiene, sus padres le añaden elementos adicionales a la historia: «Lo escuchamos cuando entró, dejó el vaso de leche y se comió las galletas... mira las huellas de los renos en el patio....» En fin, todo un montaje cargado de imágenes que sostienen temporalmente una de las más grandes decepciones de la humanidad: Santa Claus no existe; los padres colocan los regalos.

El asunto es: ¿por qué los niños creen sin cuestionar lo que sus padres le dicen sobre Santa Claus? Fácil, porque no tienen una referencia alterna que les contrarreste los pensamientos que se están generando en el subconsciente.

Está comprobado que, tal y como refiere el conferencista especializado en desarrollo humano, Camilo Parrado:

> *«Cuando el niño nace, su mente subconsciente, que no piensa, es dueña de su comportamiento, pues no existen comportamientos razonados y su uso de razón crítica sobre los estímulos que lo rodean es nulo, por lo que su mente consciente está en una fase de contacto y conocimiento del medio a través de los cinco sentidos: vista, oído, gusto, tacto y olfato. En tanto que su mente subconsciente recibe todas las impresiones que transmite su mente consciente y va generando cadenas de información para reconocer, después de un tiempo, el mundo por medio de experiencias repetidas: actos, emociones y estímulos externos e internos».*[4]

---

4 Camilo Parrado: La mente subconsciente y la educación de los hijos. [en línea]. Las cuatro leyes de la mente subconsciente: 2015. Disponible en <https://lascuatroleyesdelamentesubconsciente.org/la-mente-subconsciente-y-la-educacion-de-los-hijos/>

Por lo tanto, el subconsciente en desarrollo gestiona pensamientos a medida que se van acumulando estimulaciones y vivencias sobre la vida del niño, que posteriormente se convierten en hábitos. De esa forma se crean una suerte de preconcepciones mentales que le permiten actuar conscientemente, según sea el caso, con base en los elementos almacenados previamente.

¿Qué ocurre entonces en la mente de un niño cuando le dicen la verdad acerca de Santa Claus? Una terrible decepción que interrumpe una forma lineal de pensamiento sobre un hecho que parecía cierto. Pese a lo que el subconsciente le indique, la verdad se impone y ese nuevo pensamiento sostenido, prevalece sobre el anterior para generar un nuevo canal de conducta que sustituye la vieja manera de concebir los pensamientos en aquella área de la vida, que para el caso preciso, se refiere a la Navidad.

Todos hemos estado en ese lugar incómodo en el que nos decepcionan al decirnos una verdad que sustituye una mentira. Sin embargo, y a pesar de que el proceso de fijación de emociones y generación de pensamientos es idéntico para las cosas espirituales, cuando somos expuestos a la verdad por medio de Jesús, las mentiras del mundo son sustituidas de inmediato por preceptos universales inmutables que rigen la existencia humana.

Una vez en el contexto, es más fácil entender por qué el Señor nos pide que creamos las cosas de Dios como si fuéramos niños. En ellos no existe posibilidad de duda, puesto que el marco de referencia que los rige se forma día a día, a medida que introducimos paulatinamente verdades sencillas de la Palabra de Dios que sustituyen viejas concepciones erradas que el mundo impone.

Es difícil depender de Dios cuando se mantienen prejuicios y paradigmas mentales sobre lo que creemos de Él y sobre cómo obra a nuestro alrededor. Pero aún es peor cuando interiorizamos mentiras que el mundo ha impuesto en la mente de los líderes como verdades, y que difieren diametralmente de la verdad enseñada en la Palabra de Dios.

A diferencia de lo que ocurre en la mente de un niño cuando recibe la noticia de Santa Claus, cuando un líder de alto impacto conoce una verdad del Reino que tiene aplicabilidad práctica en su vida, su familia, su entorno y su liderazgo, en lugar de sufrir una gran decepción, ocurre una transformación inmediata. Tal como dice el apóstol Pablo, en 2 Corintios 10:4-5:

> *«[...] porque las armas de nuestra milicia no son carnales sino poderosas en Dios para la destrucción de fortalezas. Destruimos los argumentos y toda*

> *altivez que se levanta contra el conocimiento de Dios; llevamos cautivo todo pensamiento a la obediencia de Cristo».*

En consecuencia, la sobriedad mental toma aún más fuerza cuando un líder entiende que para depender de Dios y alinear sus pensamientos a los de Cristo, debe procesar correctamente la información que recibe y contrarrestarla con las verdades de la Palabra de Dios. De ese modo, mediante un proceso de yuxtaposición de pensamientos, se genera en cada actividad consciente, la tesis de la renovación de la mente a la que refiere Pablo, en Romanos 12:2.

Solo Dios, por medio de su Palabra y del Espíritu Santo, puede cambiar de forma permanente los pensamientos de los líderes actuales. Pero, para que eso ocurra, debe darse un acto de conciencia previa que implica reconocer que los pensamientos que se han adquirido hasta entonces refieren ideologías del mundo que no aprovechan en nada a los que aman a Dios, y que para poder conocer la voluntad del Padre, que es buena, agradable y perfecta, y estar sobrios mentalmente se requiere creer como niños. Todo esto sucede mediante de la renovación del entendimiento que lleva a adquirir la sabiduría que proviene de lo alto y alinea nuestros pensamientos a la verdad de Dios para nuestras vidas.

Liderazgo sabio

El primer paso para desarrollar un liderazgo sabio es tener la conciencia de que hay dos tipos de sabidurías: una que proviene del cielo y una diabólica, que tiene un origen totalmente distinto.

Cada una de ellas tiene características propias y frutos visibles que se hacen evidentes en el liderazgo, de acuerdo al uso que los líderes le den a cada una, en la medida en que van ejerciendo influencia.

La diabólica, dice Santiago, se manifiesta cuando *«tienen amargos celos y contiendas, se jactan y mienten contra la verdad»*.[5] En cambio, la que procede de lo alto, se muestra *«por su buena conducta y sus obras en la mansedumbre de la sabiduría»*[6].

Entonces, ¿cómo distinguir el proceder de los líderes actuales de acuerdo a ambas sabidurías? Sencillo: Por el fruto.

---

[5] **Santiago 3:14**
[6] **Santiago 3:13**

Si observas a alguien que toma decisiones con sabiduría que «*(...) primeramente pura; luego es pacífica, tolerante, complaciente, llena de misericordia y de buenos frutos, imparcial y no hipócrita*»[7], entonces estás frente a un líder con temor de Dios y que puede convertirse en uno de alto impacto.

Quien desea desarrollar un liderazgo sabio y convertirse en un líder de alto impacto, debe tener sabiduría que proviene del cielo y no terrenal; pero, ¿qué tal si hoy te dijera que aquella, según el apóstol Pablo, está oculta?

Cuando un líder usa sus dones de comunicación para entretener y decir cosas que agradan a las audiencias, no es más que un «mercader del verbo», relator de experiencias ajenas o peor aún, un encantador de las masas. ¿Cómo hacer entonces para mostrar la verdad del espíritu de liderazgo al mundo, sin emplear conceptos del mundo? Hablando desde la madurez del Espíritu a los maduros de espíritu.

Las cosas del mundo están a la vista, son palpables y evidentes; sin embargo, las verdades eternas que debemos exponer tienen estas características, según 1 Corintios 2:9:

---

[7] Santiago 3:17

> *Ningún ojo las ha visto.*
> *Ningún oído las ha escuchado.*
> *Ninguna mente humana la ha concebido, y*
> *Dios la ha preparado para quienes lo aman.*

¿Te ha pasado que tratando de explicar verdades eternas a alguien, te han hecho pasar por loco?

Sé que te dio risa y esa es la intención, pero la verdad es que para el mundo incrédulo nosotros somos unos locos, personas que hemos perdido la razón, carecemos de juicio y hablamos disparates de manera imprudente.

Un líder de alto impacto que quiere ejercer un liderazgo sabio, no se detiene ante las opiniones del mundo; más bien busca siempre nadar contra corriente en un mundo desquiciado y sin juicio, que no conoce a Dios, sus propósitos y sus caminos.

Esta es la razón de nuestro compromiso: acomodar lo espiritual a lo espiritual y no lo espiritual a lo terrenal.

¿Cómo no desmayar en el intento? Creyendo con profunda certeza en nuestro corazón lo que dice.

Líder, quiero enfatizar esta verdad: si el Espíritu Santo mora en ti y amas a Dios, entonces tienes la mente de Cristo. Por tanto, el lenguaje, la interpretación y el conocimiento de lo eterno está a tu disposición para que lo uses en este mundo lleno de oscuridad.

Sabios ignorantes

Hay dos elementos determinantes en el concepto de la sabiduría que concede Dios, por medio de su Espíritu Santo, a quienes lo reciben:

- Depender de Dios.
- Recibir dirección para vivir.

Al pasar la vista por estas dos frases, quizás sientas que estás leyendo lo mismo que tantas veces se te ha enseñado sobre tu relación con Dios. Sin embargo, el punto en el que quiero hacer énfasis hoy es que si no dependes de Él y su guía, la inteligencia humana puede crear argumentos fantásticos que te desvíen del diseño, el plan y el propósito de Dios para tu vida como líder de alto impacto.

Entonces, ¿cómo puedes ser sabio?

En un mundo tan demandante y fuera de orden, el sistema siempre tratará de engañar a los hijos de Dios para persuadirlos de que lo malo es bueno y viceversa. Esta es la razón por la que el apóstol Pablo enfatizó, en 1 Corintios 3:18:

> *«Nadie se engañe a sí mismo. Si alguno entre ustedes cree ser sabio en esta edad presente, hágase necio para llegar a ser sabio».*

Líder, en una paradoja semántica, se nos insta a que desechemos cada vez más la sabiduría del mundo, haciéndonos ignorantes a esta, cosechando la sabiduría de Dios escrita en Su Palabra y revelada a nosotros por el Espíritu Santo, para que seamos verdaderamente sabios.

Los verdaderos ignorantes

El sistema del mundo y el del Reino son diametralmente opuestos y antagónicos en su contexto, creación, funcionalidad y aplicación.

Un líder de alto impacto que ejerce un liderazgo sabio debe tener una identidad clara e identificar su posición en el Reino de Dios, así como de las verdades que defiende en cualquier terreno. Esto es porque, a pesar de la percepción de locura impuesta por el mundo, el mismo Dios define quiénes están del lado de la verdad.

Los líderes no se defienden porque están claros de su identidad en Cristo y de su llamado para impactar la eternidad. Por eso, qué mejor noticia que conocer lo que Dios opina de los que somos llamados locos:

> *«Porque la sabiduría de este mundo es locura delante de Dios, pues está escrito: Él prende a los sabios en la astucia de ellos; y otra vez: El Señor conoce los pensamientos de los sabios, que son vanos».* (1 Corintios 3:19-20)

Líder, defiende tu verdad con sabiduría, pero nunca te defiendas a ti mismo. Para Dios ellos son locos y sus argumentos absurdos. Sigue defendiendo la verdad de Cristo desde donde estés y Él añadirá sabiduría progresivamente y de esa forma la dependencia de Dios será cada vez más habitual en tu vida.

MODELAR CON NUESTRA VIDA

Un líder modela en su vida lo que quiere que sus seguidores reproduzcan, de forma tal que cada uno de los principios que enseña sea evidente desde la puesta en práctica y no solamente desde el discurso.

Siendo honesto, considero que la sociedad está cómo está, producto de los valores que los líderes modelan y que conducen a las masas a ir hacia lo efímero y banal de la vida.

La sociedad actual demanda líderes de todas las edades que se atrevan a nadar en contra de la corriente, no por rebeldía o por llamar la atención, sino más bien, para demostrar qué hay algo mejor que lo aparentemente cotidiano.

Quizás te estás preguntando ¿Cómo puedo modelar diferente a mi entorno? La respuesta no es tan obvia; sin embargo, desde mi perspectiva y mi experiencia personal puedo darte algunas ideas prácticas que te van a servir de inmediato.

Antes de seguir, quiero advertirte que cualquiera de estos principios que pongas en práctica agita el sistema donde habitas, al punto de ser odiado por los que te rodean. Serás rechazado, insultado y herido, pero tranquilo, Jesús dejó una evidencia que valida que estás haciendo lo correcto, al decir:

> *«Bienaventurados son cuando los vituperen y los persigan, y digan toda clase de mal contra ustedes por mi causa, mintiendo. Gócense y alégrense, porque su recompensa es grande en los cielos; pues así persiguieron a los profetas que fueron antes de ustedes».*[1]

Un líder que depende de Dios siempre debe optar por ser semejante a aquel que lo llamó, de modo que cuando modele a otros, los demás quieran irrefutablemente parecerse a él. Entonces podrá decir con absoluta certeza, tal y como dijo el apóstol de los gentiles:

> *«Sean ustedes imitadores de mí; así como yo lo soy de Cristo»*[2].

---
1 **Mateo 5:11-12**
2 **1 Corintios 11:1**

Difícil pero no imposible

Nuestro cuerpo está vinculado materialmente al mundo, por ende, le agrada todo lo que ha venido producto del pecado y la caída del hombre. El hecho es que el cuerpo está diseñado por Dios para percibir lo **material**, es decir, lo tangible por medio de los sentidos; y lo **espiritual**, es decir, lo que solo puede ser discernido por medio del Espíritu.

En este orden de ideas, nuestro cuerpo tiene sentidos que le permiten percibir en tiempo real toda clase de estímulos que lo conducen a tomar decisiones instantáneas, basadas en sus propias emociones y sensaciones, las cuales mayormente están influenciadas de manera directa por este mundo caído.

Ahora bien, la conexión con el Reino inconmovible, al cual pertenecemos, se adquiere mediante la justificación por gracia recibida por el sacrificio de Cristo en la cruz. Por tanto, nuestra garantía visible de un Reino, que es en esencia invisible, se obtiene producto de la resurrección y ascensión de Cristo mismo a su lugar de gloria en el trono, y su posterior glorificación como Rey supremo, sentado a la diestra del Padre.

La gran pregunta es: ¿por qué se hace tan difícil entender los asuntos del mundo espiritual? La respuesta básica es porque a pesar de recibir la promesa del Espíritu Santo, una vez aceptamos la salvación por medio de Jesús, nuestra mente está puesta en las cosas que aún puede percibir y no en las que espera recibir por medio de la fe.

Nuestro cuerpo, de naturaleza caída, siempre tiende a conectarse con el mundo al que pertenece. Sin embargo, es solamente por medio de una relación íntima, real y personal con Dios, que el Espíritu, que ahora habita en nosotros, despierta el interés por conectarse con una nueva realidad y con un Reino glorificado que no conoce, porque no lo puede ver a través de los sentidos carnales.

Es entonces cuando la búsqueda real y la dependencia de Dios hace que anhelemos un mundo en lo espiritual que no percibimos sensorialmente, sino que es entendido desde la perspectiva de lo que no se ve. Con justa razón, el escritor de la carta a los Hebreos definió la fe como:

> *«La fe es la constancia de las cosas que se esperan, la comprobación de los hechos que no se ven».*[3]

---

[3] Hebreos 11:1

¿Qué esperamos? La redención final de nuestra alma y la plenitud eterna en el Reino de los cielos cuando no estemos físicamente en este mundo, bien sea por la muerte o por la segunda venida de Cristo. Por lo cual, debemos estar convencidos de que esto no lo tenemos aún, y que, al anhelarla, desarrollamos constancia y determinación por medio de la fe.

¿De qué estamos convencidos? De que aunque no percibimos con nuestros sentidos ese mundo espiritual, sabemos por revelación a nuestro espíritu, que es tan real como aquel. La diferencia está en que ahora podemos probar de manera racional la verdad de nuestra existencia, la cual a la luz de la Palabra no se puede negar.

> *Un líder de alto impacto tiene su enfoque primordial en las cosas imperceptibles del mundo espiritual, por encima de las premisas que relativizan los conceptos que son inmutables en las Escrituras.*

Dicha certeza y convicción hace que la perspectiva del liderazgo vaya a contracorriente a los cánones del mundo. En consecuencia, un líder de alto impacto tiene su enfoque primordial en las cosas imperceptibles del mundo espiritual, por encima de las premisas que relativizan los conceptos que son inmutables en las Escrituras.

El ejercicio pleno del liderazgo radica en un sentido claro de propósito que ha sido descubierto por conexión con la fuente creadora y no por suposiciones estériles de creencias posibles, o de argumentaciones banales con criterios estrictamente humanistas.

El origen del liderazgo y por ende, de sus protagonistas, es la dependencia de Dios para la consecución de los fines a los cuales han sido llamados. No sin antes dejar claro que Dios prefijó desde la eternidad cada uno de los hechos que antecedieron la existencia de todo individuo con el único fin de que en esencia busquen de Dios.[4] Por ende, la búsqueda y la dependencia de Dios deben ser, en sí mismos, el centro de la vida de todo líder que pretenda con sus hechos hacer la voluntad de Dios.

Quizás la tarea no sea tan fácil como aparenta ser; sin embargo, cuando nuestros sentimientos y nuestras emociones sean víctimas del sistema que gobierna este mundo, podremos anteponer a nuestras sensaciones las promesas que nuestro Espíritu guarda sigilosamente para ser puestas por obra en el momento de necesidad. Sin temor a equivocarme puedo decirte que cada una de ellas es, en Cristo Jesús, sí y amén, es decir, que tienen cumplimiento desde y hasta la eternidad.

---

[4] **Hechos 17:26-28**

> *La búsqueda y la dependencia de Dios deben ser, en sí mismos, el centro de la vida de todo líder que pretenda con sus hechos hacer la voluntad de Dios.*

Dios está en control de todo y todo pasará, menos su Palabra y la certeza de que, mientras dependamos de Dios en medio del proceso, su amor para con cada uno de los que han sido llamados conforme a su propósito, siempre va a obrar para bien. Ningún sufrimiento que se padezca en el ejercicio del liderazgo se podrá comparar con la gloria que habrá de revelarse en cada uno de nosotros, porque su amor permanece para siempre y nada nos puede separar de Él. Por lo tanto, si Cristo venció a este mundo, cada uno de los que han sido predestinados, y luego llamados por medio de la justificación, también serán glorificados en ese Reino que es eterno.

> *«Porque considero que los padecimientos del tiempo presente no son dignos de comparar con la gloria que pronto nos ha de ser revelada».* **(Romanos 8:18)**

Si fuera tan fácil como aparenta, no tendría sentido ser una luz que se enciende en medio de tanta oscuridad. Por eso, un líder que rompa la normalidad del mundo debe hacer lo siguiente:

1. Vivir a través del ejemplo

Uno de los más bellos atributos del carácter de Jesús es que es fiel y verdadero (ver Apocalipsis 19:11). Sin embargo, pocas veces se comprende la trascendencia de ambas cualidades en el liderazgo moderno.

Si se entiende como <u>fiel</u> alguien que es constante en sus afectos, en el cumplimiento de sus obligaciones y que no defrauda la confianza depositada en él; y que, <u>verdadero,</u> es alguien que contiene y siempre dice la verdad, se puede tener una aproximación de lo que el liderazgo moderno debe ser.

Te quiero hacer una pregunta: ¿conoces a algún líder moderno, político o empresario que tenga dichos atributos?

Sé que tu mente dio vueltas desde atrás hacia adelante y con mucha suerte tendrás solo un nombre, o quizás ninguno. El asunto es que fácilmente se puede confundir el liderazgo de las palabras simples y emotivas con los atributos de un líder con el carácter de Cristo.

Tal vez ahora mismo te estés preguntando: ¿pero quién puede tener el carácter del Hijo de Dios? Y es aquí donde este libro se pone bueno.

Jesús fue 100% hombre y 100% Dios y si en nuestra limitada humanidad pretendemos ser como Dios, seguramente fallar es la vía más corta. Sin embargo, el hecho de que Jesús se hiciera hombre nos permite tener la perspectiva correcta del liderazgo, ya que solo si eres su discípulo, puedes ser semejante a tu Maestro.

¿A dónde te quiero llevar? A entender que Jesús hizo todo lo necesario para que tanto tú como yo viéramos la posibilidad real de modelar y poner en práctica cada enseñanza que nos dejó como hombre y que puede ser aplicada a nuestra vida.

Quiero aterrizar en algo importante: La divinidad de Jesús tiene atributos dignos de buscar en la vida cristiana. Sin embargo, su carácter como individuo, que vivió en esta tierra y que fue sometido a toda clase de pruebas y tentaciones, inclusive siendo hijo de Dios, es lo que debe inspirarte a ti a seguirlo y a buscar parecerte a lo sumo a tu Señor. Así podrás crecer como miembro del cuerpo de Cristo y ejercer liderazgo con base en un modelo que hoy no se usa y que tiene como principales elementos conectores la integridad, la fidelidad y la honestidad.

Ser líderes que modelan las enseñanzas de Jesús permite crecer individualmente, pero a la vez nos deja claro que en el correcto crecimiento de los individuos crece también de forma unánime el cuerpo de Cristo. Por ende, la prosecución de la Gran Comisión, como medio para extender el Reino de Dios, se hace ilimitado hasta que nuestro Señor regrese victorioso.

Definitivamente, los líderes que dependen de Dios deben llevar sus expectativas al único que es fiel y verdadero, que nunca traiciona y que en su humanidad siempre fue santo y sin pecado. Aquel que jamás engañó y que al venir a vivir entre nosotros, nos dejó claro que la condición humana no es excusa para hacer lo indebido.

2. Ser y parecer lo que se dice

El apóstol Pablo fue todo un referente de lo que significa coherencia en el discurso. Fue uno de los defensores de la verdad y un modelo de liderazgo increíble, como pocos se han conocido.

La referencia más sentida que se tiene del apóstol, radica en el hecho de que su propia vida, sus enseñanzas, su testimonio y su legado para la iglesia de todos los tiempos, será siempre un icono para las generaciones que deseen conocer los argumentos necesarios para liderar y defender la verdad del liderazgo de Cristo.

Según Miguel Núñez, en su libro *Renueva tu mente*[5], estas son algunas de las características más distinguidas del apóstol Pablo:

a. Dominaba la revelación de Dios.
b. No era una persona fácil de intimidar.
c. Poseía pasión por la verdad de Dios.
d. Era aguerrido, pero a la vez sabía ser manso y humilde.
e. Creía firmemente en el poder del Evangelio para derribar fortalezas.
f. No se avergonzaba de nada de lo que Dios le había revelado.
g. Tenía un alto concepto de Dios y su Palabra.

La coherencia entre lo que se dice y lo que se hace es uno de los elementos más significativos en el liderazgo, ya que en sí mismo contiene el pegamento que une a los seguidores con el líder: la confianza.

La confianza es, sin duda, hoy por hoy un valor de poca estima. Es prácticamente un vocablo en desuso dentro del diccionario del líder y es tristemente uno de los factores de los que adolece el liderazgo moderno.

---

5 Miguel Núñez: Renueva tu mente: Una perspectiva bíblica del mundo y de la vida. Estados Unidos: Vida, 2020.

A los líderes actuales poco les importa lo que se diga de ellos; tan solo basan sus acciones en frases maquiavélicas como: «No importa si hablan bien o mal, lo importante es que están constantemente hablando» y cuando alguien del mundo percibe en sus sentidos y además metaboliza internamente dicha frase, lo que asume de inmediato es que, no importa modelar confianza, lo que importa es que hablen de ti.

Ese modelo errático de liderazgo, entre muchas otras cosas, nos ha conducido a la crisis mundial que hoy se vive. Por ese motivo es que hace tan relevante que los líderes de alto impacto, sientan el compromiso por defender la verdad y modelar con su vida la integridad de la que tanto se adolece en estos días.

La integridad es un valor perdido, pero sin duda alguna es uno de los fundamentos esenciales del liderazgo. Una de las tantas referencias bíblicas de la integridad está descrita en el libro de Proverbios:

> *«Su integridad guiará a los rectos, pero la perversidad arruinará a los traicioneros»*[6].

---

6 **Proverbios 11:3**

El concepto de integridad va mucho más allá de una simple perspectiva; es una especie de faro que alumbra el camino de los líderes, cuya luz se hace latente en otros. Es decir, como la integridad es un valor intrínseco del liderazgo, difícilmente se puede hacer alarde de este, ya que solamente se puede percibir por los demás. En consecuencia, al ser un elemento meramente demostrativo del individuo, no se puede exhibir como un trofeo, sino que más bien, desde la óptica del que percibe el valor del líder, este se puede hacer visible.

Un consejo que no me estás pidiendo, pero que debo darte, es que no digas que eres íntegro, mejor demuéstralo en tu propia vida. No seas como aquellos religiosos de otrora que aún existen, que en el ejercicio de su liderazgo adujeron la integridad como una de sus virtudes, y Jesús los tuvo que poner en su lugar cuando les dijo:

> *«Así también ustedes, a la verdad, por fuera se muestran justos a los hombres; pero por dentro están llenos de hipocresía e iniquidad».*[7]

La integridad es una actitud del corazón que le permite a los líderes desarrollar tres comportamientos que Jesús sostuvo hasta el final de sus días en esta tierra:

---
7 Mateo 23:28

Rectitud • Probidad • Intachabilidad

Un líder verdadero es temeroso de Dios y por ende, cumple con las normas morales y de conducta que establece la Palabra de Dios. Es honrado, honesto y en consecuencia no puede ser tachado o etiquetado con señalamientos de este mundo, no negocia sus principios y se siente feliz por la crítica cuando esta es contraria a la integridad.

> *Líder: La integridad fortalece el carácter, preocúpate por formarlo correctamente, que de tu reputación se encargará Dios.*

3. Tener un sentido claro de propósito

Tristemente en la historia del liderazgo vemos pocas personas que estaban listas para ejercer influencia correcta sobre sus seguidores cuando las circunstancias así lo requirieron.

El proceso para liderar viene acompañado de una serie de pasos y de etapas preparatorias que todo potencial líder debe vivir, ya que, de no ser así, sus seguidores serán llevados de forma directa al fracaso.

Existen necesidades de todo tipo en el entorno que nos rodea. Hay toda clase de problemas y caos en el ambiente donde nos desenvolvemos y estando frente a ellas, les pasamos por el lado sin que nos importe. Pero un día ocurre algo en la vida de alguien diseñado para liderar: las necesidades y los problemas del entorno se convierten en algo que le quita el sueño y entonces decide ser parte de la solución. Ese día, nace un líder.

Un líder es la solución a una necesidad puntual, en un lugar específico y en un tiempo determinado. Jamás es un problema adicional a esa necesidad, y para ser parte de la respuesta debe tener un corazón correcto y preparado para servir a otros, en lugar de hacerse de su influencia para ser servido.

Un líder que depende de Dios debe buscar en su entorno y preguntar: Dios, ¿qué estás haciendo a mi alrededor? Al conseguir la respuesta debe correr y sumarse. De esa forma está de camino a ser un siervo útil.

> *Un líder es la solución a una necesidad puntual, en un lugar específico y en un tiempo determinado.*

Cuando decidimos sumarnos al plan de Dios para nuestras vidas, encontramos sentido a nuestra existencia y nos convertimos en líderes de propósito que, por medio de una relación diaria con el Creador, desarrollamos al máximo nuestro potencial.

¿Qué ocurre cuando aceptas el reto? Al someter tu voluntad a la voluntad de Dios y servir de instrumento para conducir vidas suceden tres cosas:

1. Dios está seguro de lo que vas a llegar a ser, pese a tu condición actual. No te frustres, compares o tengas temor. Tu capítulo final está escrito en el libreto divino.
2. Lo que Dios va a hacer en tu vida, será el fundamento de inspiración para otros que, por medio de tu testimonio, creerán en una forma de liderazgo diferente.
3. Todo cuanto te ordene Dios tendrá un sentido claro de propósito y siempre te conducirá a testificar de las maravillas de su poder.

> *El proceso de convertirte en lo que Dios demanda de ti, está a una decisión de distancia. Súmate al plan de Dios y deja que sus propósitos y sus caminos te conduzcan hacia el tuyo.*

Aunque suene paradójico, el proceso de convertirte en lo que Dios demanda de ti, está a una decisión de distancia. Súmate al plan de Dios y deja que sus propósitos y sus caminos te conduzcan hacia el tuyo.

Es importante señalar que en relación con el propósito de Dios en su vida existen tres tipos de personas:

Las que no saben lo que quieren hacer: Son personas que siempre están confundidas, carecen de un fuerte sentimiento de propósito y no tienen sensación de dirección en sus vidas. Si crecen, no lo hacen enfocados. Hacen algunas marañas, van a la deriva, no son capaces de desarrollar su potencial, ya que no tienen idea de hacia donde están apuntando.

Las que saben lo que les gustaría hacer, pero no lo hacen: Estas personas, por lo general, viven frustradas permanentemente. Cada día experimentan el sinsabor del abismo que separa el lugar donde se encuentran, de aquel en donde quieren estar. A veces no están haciendo lo que quieren porque les preocupa que eso les haga descuidar otras responsabilidades, como obtener más y mejores recursos, sostener económicamente a su familia o, sencillamente, pagar las deudas.

Este tipo de personas generalmente no están dispuestas a pagar el precio de aprender, crecer y acercarse al lugar donde Dios les quiere llevar. Muchas veces el temor les impide cambiar o les limita para ir tras aquello que alguna vez soñaron y que les apasiona. Tienen miedo de seguir las instrucciones de Dios y por ende, también se quedan sin desarrollar su potencial.

Las que saben lo que quieren hacer y lo hacen: Este es el tipo de personas que confían en Dios, se conocen a sí mismos y saben de lo que son capaces de alcanzar. Aprovechan la pasión y el motor encendido para enfocarse en su llamado, y se esmeran en alcanzar aquello para lo cual nacieron y que Dios en su misericordia les reveló. La palabra que mejor describe a estas personas es: realizados.

Quiero dejarte claro que el Evangelio no es un antídoto teológico que nos permite evitar pruebas y procesos. No es el microondas divino en el que metemos un sueño que desde la eternidad fue planeado por Dios para nuestras vidas y que, de pronto, solamente por haber aplicado algún principio de la Palabra de Dios y decir amén, suena la señal que dice que está listo.

Cuando tienes un sentido claro de propósito, las circunstancias de la vida no te dejan espacio para detener lo que en tu interior se convierte en una fe que sobrepasa barreras. No te conformas con el hecho de que las cosas puedan llegar tal y como tú las planeaste, porque dentro de ti existe la convicción clara de que aquel que te dio la vida es quien te dio el propósito y que, tal y como dice el apóstol Pablo:

«[...] el que en ustedes comenzó la buena obra, la perfeccionará hasta el día de Jesucristo».[8]

El Evangelio no produce un campo de fuerza que evita los procesos hacia el propósito; el Evangelio te empuja a que, basado en la realidad de la Palabra de Dios, puedas ubicarte por encima de las circunstancias y de las realidades que son corruptibles y perecederas.

Visto así, cuando estás caminando en el propósito de Dios para tu vida y dependes de Él, puedes sobrellevar toda clase de circunstancia, de forma tal que tu fe es capaz de colocar lo que ves con tu corazón, por encima de lo que ves con tus ojos y despertar dentro de ti la certeza de lo que esperas y la convicción de lo que no ves.

Existen muchas referencias sobre personas que han creído a Dios y han llegado a ver el cumplimiento de

---

8 **Filipenses 1:6**

sus promesas en la vida, pero solo me voy a referir a cuatro pescadores comunes y corrientes. Ellos estaban sin propósito, sin destino, sin saber para qué nacieron, quizás haciendo un oficio heredado de sus padres, posiblemente lo único que se podía hacer en ese entonces, tal vez ejerciendo la profesión que todos hacían en ese lugar. Estos cuatro hombres, tal como estaban, se encontraron cara a cara con Jesús.

El líder de los líderes les dice: «Dejen de hacer lo que hacen, ¡no nacieron para esto! Tengo un propósito que mostrarles, ya no sean más lo que la sociedad y sus padres les impusieron como obligación. Dejen ese aburrido trabajo que solo les produce dinero y acompáñenme a cambiar la vida de millones».

¿Qué hicieron?

> *«En ese mismo instante, Pedro y Andrés dejaron sus redes y siguieron a Jesús». Mientras que Santiago y Juan «[...] salieron de inmediato de la barca, dejaron a su padre y siguieron a Jesús».*[9]

---
9 Mateo 4:20,22, TLA

Al leer esto, digo: ¡Guau! La urgencia del propósito los hizo dejarlo todo y salir corriendo tras eso que acababan de descubrir.

Líder: La obediencia no puede esperar. Solo déjalo todo y ve tras eso que descubriste en intimidad con Dios. Ese es el mejor regalo que Dios te dio, después de la salvación.

Reflexiona en lo siguiente:
¿Qué tan intensamente deseas alcanzar el propósito de Dios para tu vida?

Velo así: Si estuvieras en medio de un invierno terrible, y el frío fuera abrumador, ¿qué harías? Lo más seguro es que buscaras cómo hacer fuego para calentar la casa, ¿cierto?

Ahora piensa, ¿qué pasaría si colocaras solo dos palos de leña en la chimenea? Seguramente el fuego encendería, pero no va a calentar lo suficiente.

En este escenario queda claro que:

1. Sabes qué debes hacer para calentarte.
2. No es suficiente para lograrlo.

Allí es donde la encrucijada del propósito te encuentra y como líder tienes que hacer cosas que nunca habías hecho dentro de las cuales está depender de Dios.

En esa vía de dos alternativas, puedes morir de frío, o buscar más leña y encenderla hasta que estés caliente.

> *Líder: tú sabes qué es lo que tienes que hacer para calentar el sueño que Dios depositó en tu corazón. ¿Vas a dejar que muera congelado?*

4. Estar alegre de corazón

Estar alegre es una condición emocional producto de un suceso o evento favorable en nuestras vidas. No es una decisión en sí misma; es una reacción inmediata y visible que no se puede esconder.

La alegría tiene que ver con aspectos que se desencadenan en una persona como consecuencia de diferentes eventos o circunstancias. Por eso es tan relevante no confundir la alegría como sentimiento, con la felicidad, la cual ciertamente es una decisión, pero no forma del contexto al que me refiero en este momento.

La alegría es, sin duda, una característica de un líder que

depende de Dios, incluso en medio de las circunstancias más complejas y duras; pero en el contexto real, la condición a la que me refiero tiene que ver con el corazón de las personas. Es decir, es la forma en la que el líder exterioriza delante de los demás, la manera en la que ve o reacciona ante las cosas.

El asunto a donde quiero llevarte es que modelar con nuestra vida a otras personas puede llegar a ser complejo cuando no entendemos los caminos de Dios. Los líderes que dependen de Él, no determinan su alegría o su regocijo, basado en realidades del mundo; por el contrario, sus realidades emocionales están puestas de alguna forma en las verdades que representa para ellos conocer a su Creador.

Estar alegres de corazón en medio de las pruebas o de los días difíciles no es algo que se pueda manejar con absoluta perfección, más aún si la realidad está delante. Sin embargo, debo decirte que negar la realidad ante tus ojos o bloquear un pensamiento, no te garantiza tener gozo.

Quiero preguntarte: ¿qué harías si todo, absolutamente todo, te estuviera saliendo mal? Ya sabes que negar la realidad no ayudaría. Por lo tanto, la única manera de modelar con tu vida que el Dios al que tú crees es real, es perseverar en la promesa de que lo que Él dice en su Palabra se va a cumplir, aunque todo indique lo contrario.

En lo personal, cuando todo se sale de su curso normal, bien producto de alguna decisión errática del pasado, o bien, producto de un desvío intencionado de Dios, trato de buscar referencias en su Palabra que me ayuden a entender el contexto espiritual de lo que ocurre. Entonces, si lo que pasa lo provoqué yo mismo, busco dirección en oración, me arrepiento de lo que sea que haya desagradado a Dios, asumo la responsabilidad de mis actos y trato de acercarme los más que pueda a su voluntad. De este modo, trabajo para que cada paso que dé sea tan certero como la redirección del rumbo me lo permita.

Sin embargo, si gracias a mi relación con Dios, detecto que es una circunstancia temporal, producto de un desvío en la ruta que el mismo Dios está provocando para formar carácter en mí, entonces siento paz y me dejo llevar, porque sé que en sus manos siempre me irá mejor que en mis afanes.

Obviamente, en momentos siento afán, angustia, desvelos, pero cuando me acuerdo que estoy en las manos del mejor Padre del mundo y que Él me ama inmensamente, vuelve la paz a mi vida y sigo la ruta.

Quiero ayudarte con dos versos bíblicos que me han ayudado muchas veces en medio del caos circunstancial, cuando no entiendo lo que Dios está haciendo: El primero de ellos es Habacuc 3:17-18 y es una referencia de lo que puede estar ocurriendo en tu vida, hoy por hoy en tu entorno.

La referencia insólita del profeta refiere un constante *«aunque... no».* Lo primero denota una oración subordinada que expresa condición o cierto impedimento para que algo ocurra; y lo segundo, trae la respuesta a la condición. Es decir, que a pesar de no ocurrir o faltar alguno de los supuestos establecidos en el texto, un líder debe irremediablemente **alegrarse en Dios.**

> *«Aunque la higuera no florezca*
> *ni en las vides haya fruto, aunque*
> *falle el producto del olivo y los*
> *campos no produzcan alimento,*
> *aunque se acaben las ovejas*
> *del redil y no haya vacas en*
> *los establos; con todo, yo me*
> *alegraré en el Señor y me gozaré*
> *en el Dios de mi salvación».*
> *(Habacuc 3:17-18)*

Pareciera desalentador el escenario en el que se expresa el profeta; sin embargo, ante la posibilidad de que aquello o lo otro ocurriese, su confianza estaba puesta en un Dios que es mucho más grande que cualquier circunstancia, incluso aquella que, en medio de la más dura prueba, amenaza con suprimir al mínimo la provisión diaria. Cuando indica que «con todo», demuestra que su realidad ante aquella posibilidad no debilita su regocijo como un acto con que se manifiesta la alegría.

Lo segundo que me ayuda, es pensar cómo se comportaba el liderazgo de la iglesia primitiva en el tiempo en el que los apóstoles extendían el ministerio del Señor, luego de su resurrección.

En esos días la iglesia era perseguida, clandestina y mal vista tanto por los judíos, como por los gentiles. Era una especie de blanco certero sobre el cual vaciar el arco con una facilidad increíble. Y es ahí, en medio de semejante proceso, cuando Pablo le escribe a la iglesia de Filipo para que pusiera su mirada, no en lo que estaba pasando, sino en una visión mucho mayor; en una alegría inexplicable y en una paz que a la vista del mundo «sobrepasa todo entendimiento», tal y como indica Filipenses 4:4-7.

Esta joya bíblica le enseñó a los líderes de la iglesia a sobrellevar cualquier circunstancia, dependiendo de Dios, mediante un paso a paso que me voy a atrever a desglosar seguidamente, no sin antes dejar de manifiesto que en el texto hay un imperativo de doble intención y llamado: *«Alégrense siempre en el Señor. Repito: ¡Alégrense!»*

> *«Alégrense siempre en el Señor. Repito: ¡Alégrense! Que todos los conozcan a ustedes como personas bondadosas. El Señor está cerca. No se aflijan por nada, sino preséntenselo todo a Dios en oración; pídanle, y denle gracias también. Así Dios les dará su paz, que es más grande de lo que el hombre puede entender; y esta paz cuidará sus corazones y sus pensamientos por medio de Cristo Jesús». (Filipenses 4:4-7, DHH)*

Cada vez que leo esto, atesoro en mi corazón el hecho de que un líder que depende de Dios, no puede modelar en los demás la alegría, si dentro de sí mismo, no hay una convicción plena de quién es su Señor. Por tal motivo, el apóstol, antes de dar la fórmula para adentrarse en el gozo en medio de la crisis, les recuerda enfáticamente que su alegría, y ahora la de los receptores de la epístola, debe estar centrada en el Señor y no en lo que sus ojos ven o lo que puedan creer.

Pero, ¿cómo alcanzar esa alegría que está por encima de las realidades?

1. **Que todos los conozcan a ustedes como personas bondadosas:** Cuando las cosas andan mal, queremos contagiar nuestro mal humor al que se nos atraviese, olvidándonos que todo lo que hacemos es para Dios mismo y que si somos amables en medio de la prueba, somos de inspiración para los que ven nuestra actitud.

2. **El Señor está cerca:** Este es un recordatorio de que las cosas de arriba son mucho más importantes que las del mundo y que las promesas del Señor con relación a su segunda venida o la esperanza de nuestra partida de este mundo debe ser suficiente motivo para estar gozoso.

3. **No se aflijan por nada:** Estar turbado implica un desequilibrio espiritual y emocional innecesario que conduce a los líderes a generar ansiedad y esta, a su vez, produce una suerte de consecuencias terribles e inesperadas para su vida. El man-

dato de Pablo es implacable: que nada los inquiete, y menos aún cuando se sabe que un mundo perverso y caído siempre apostará a perturbar la vida cotidiana con el pecado.

4. **Preséntenselo todo a Dios en oración:** La única manera de mantener la alegría en el corazón es teniendo la convicción plena de que Dios controla la historia, los tiempos, las temporadas y los momentos de los hombres; nada se escapa de su voluntad. Por ende, un líder que depende de Dios, únicamente debe presentar sus peticiones en oración, creyendo que la voluntad del Señor es mejor que la suya y confiar absolutamente en que lo que ocurre obrará para bien de acuerdo con el propósito para el cual ha sido llamado.

5. **Pídanle, y denle gracias también:** Paradójicamente, la gratitud en medio de la prueba y de la circunstancia difícil, rompe con la autoconmiseración y despierta en los líderes una esperanza cierta, sobre una futura temporada mejor, aunque sea incierta en el presente. Dar gracias por lo que se tiene y no por lo que falta, convierte a un líder que depende de Dios en alguien que valora cada detalle que recibe

y no da por sentado el merecimiento de lo que tiene; sino que, al contrario, al ser por gracia todo lo que recibe, se da cuenta de que aún en medio de la más dura prueba, Dios siempre cumple con sus promesas.

Todo esto encierra una consecuencia que es indescriptible para el común denominador de las personas del mundo. En medio de la aparentemente dolorosa situación que estés viviendo, sentirás PAZ, no como la ausencia de guerra o de conflictos, sino más bien, como ese sentimiento interno de armonía inexplicable producto de tu dependencia de Dios. Pablo la llama *«la paz de Dios, que sobrepasa todo entendimiento»*.

Quiero ser enfático en un detalle fundamental sin el cual nada de esto tendría sentido:

Ese tipo de paz tiene dos consideraciones: la primera es que el líder que depende de Dios, recibe de SU paz, lo cual no significa que sienta alivio, quietud y sosiego, sino que Dios mismo le hace vivir la plenitud de uno de sus atributos. Y la segunda, y no menos importante, es que ese atributo manifestado en nuestra vida rebasa los límites, supera y aventaja cualquier razonamiento o argumento humano; es decir, es inexplicable.

¿Te imaginas por un segundo estar frente a alguien que te conoce y sabe lo que estás pasando y al preguntarte cómo te sientes, tú le puedas hacer sentir con tus hechos (y sin negar la realidad) que tienes la paz de Dios?

La buena noticia es que aunque aquel no lo entienda, si perseveras en la paz de Dios y dependes de Él, tu liderazgo está a salvo porque esta cuidará tu corazón y tus pensamientos en Cristo Jesús. Por lo tanto, tus pensamientos no estarán puestos en el problema, la duda, la queja, o la ansiedad que producen las circunstancias, sino que más bien todo esto cimentará tu carácter.

Para que un líder que depende de Dios tenga un carácter firme, es necesario que esté alegre en su corazón y que la paz de Dios que sobrepasa todo entendimiento se manifieste en su vida, a pesar de las adversidades. De esta forma, se cumple la promesa de Isaías 26:3:

> *«Al de carácter firme lo guardarás en perfecta paz, porque en ti confía».*

El manejo de las emociones es la marca de un gran líder. Pero, ¿cómo permanecer alegre ante la adversidad? Sencillo. Debes saber que sin excepción:

> *«[...] Dios va preparando todo para el bien de los que lo aman, es decir, de los que él ha llamado de acuerdo con su plan»*[10].

Por eso es que tu alegría no depende de tu circunstancia, sino de las cosas que ocurren conforme tú ejecutas el propósito de Dios para tu vida.

> *Líder: alegría es sinónimo de ventaja en medio de las circunstancias difíciles. Tu perspectiva debe ser la correcta.*

5. Ser obediente

Una de las principales características que posee el ser humano es que es desobediente por naturaleza. Antes de conocer a Cristo, su vida ha proferido millones de ofensas y desobediencias a Dios, algunas conscientes y otras por ignorancia o desconocimiento.

Todo lo que el hombre hace en su pasado sin Cristo, provoca separación inminente de Dios; sin embargo, al conocer la verdad, todas esas obstinaciones son clavadas en la cruz y en consecuencia, sus actitudes erradas

---

[10] Romanos 8:28, TLA

son desechadas para entrar en un proceso de renovación que produce en el individuo un deseo por obedecer los mandatos de Dios para su bienestar.

Podría explicarte con interminables ejemplos las multiformes maneras de obedecer a Dios; sin embargo, uno de los textos bíblicos de mayor impacto en mi vida está en Juan 14:21, ya que en él es el mismo Jesús quien explica el acto de la obediencia como una señal indiscutible del amor a Dios.

El maestro les pregunta a sus discípulos: ¿Quién es el que me ama? Me imagino que por un segundo sus mentes empezaron a preguntar: ¿en cuál de las tantas clases habló de esto? Quizás trajeron a memoria alguna parábola que no entendieron o algún texto de la Torah que fue enseñado en días anteriores, pero nada de eso sería igual a la magistral explicación de Jesús sobre cómo demostrar el amor a través de la obediencia.

Al no haber respuesta de los discípulos, Jesús mismo respondió, y lo hizo de una forma muy sencilla: *«El que tiene mis mandamientos y los guarda»*.

Parece simple y quizás hasta obvio que si obedeces a Dios, le demuestras amor tal y como un hijo que ejecuta lo que su padre le dice; sin embargo, no es tan sencillo como la primera lectura muestra, porque la explicación continúa con un conector que agrega inseparablemente una nueva condición: *«Y al que me ama, mi Padre lo amará»*.

En el contexto natural de las cosas, pareciera que obedecer es amar y punto, pero no es solo eso. Si obedeces los mandamientos <u>de Jesús</u>, (léase que dice **mis** mandamientos, no **los** mandamientos) entonces, esa manifestación de voluntad, activa una nueva condición en el creyente: el amor del Padre. Es decir, como consecuencia de obedecer los mandamientos de Jesús, el Padre te amará.

Lo interesante del juego de palabras es que el amor de Padre está conjugado en tiempo futuro, con lo cual está condicionado a un hecho presente o pasado que debe producirse para que aquello (amará) ocurra.

¡Qué alegría! Obedeciendo a Jesús, el Padre me amará.

Si continúas leyendo detalladamente el texto, notarás que Jesús agrega dos nuevos elementos producto de la obediencia: «y yo **lo amaré y me manifestaré** a él». En ese preciso momento es cuando Jesús comienza a amarte como el Padre lo hace. Y quizás te preguntes ¿Por qué no me amó Jesús directamente? La razón es sencilla: *«[...] el Hijo no puede hacer nada de sí mis-*

mo sino lo que ve hacer al Padre. Porque todo lo que él hace, esto también lo hace el Hijo de igual manera». [11]

No quisiera dejar atrás el elemento vital de la ecuación, y es que Jesús se hará visible en la vida del que obedece por medio de la manifestación del Espíritu Santo.

Para un líder que depende de Dios, la obediencia es una condición ineludible para desarrollar las habilidades únicas que el Señor requiere usar en este tiempo. Nada será más poderoso que la certeza del amor de Dios en su vida, por medio de la coexistencia de la Trinidad en todo lo que haga.

Los líderes, en la mayoría de los casos, ponen sus mejores herramientas al servicio de Dios y consideran la posibilidad de obedecer aun en los escenarios más hostiles. Tristemente, cuando los escenarios son favorables y las circunstancias son propicias, tienden a creer que sus habilidades son útiles en el propósito de Dios, sin considerar qué quiere hacer en este tiempo el Creador.

Cuando eso ocurre, es importante tomarse un tiempo para pensar y apartarse del ruido cotidiano que genera

---
[11] **Juan 5:19**

la acción para estar seguros de que lo que Dios demanda es exactamente lo que estamos haciendo.

Solo quiero cerrar esta parte haciendo un llamado de atención a tu corazón: **Obediencia parcial es desobediencia.**

Espero que aprendas a depender del Señor en cada paso que des y seas tan obediente como puedas, mientras llegas a la meta del propósito de Dios para tu vida.

DEPENDER DE DIOS

Depender de Dios es uno de los asuntos más complicados que puede vivir un líder, ya que en medio de las actividades cotidianas, el ruido del ambiente y de las múltiples voces del entorno pueden llegar a opacar la voz de Dios hasta hacerla casi imperceptible.

El modelo de Jesús para ejercer el liderazgo trae consigo una serie de verdades que revelan la dirección de Dios para la vida del líder. Por tanto, solo aquellos que estén dispuestos a practicarlas disciplinadamente, pueden llegar a recibir esa dirección en medio del silencio y así tener la certeza de que sus pasos serán certeros.

Jesús tenía por costumbre retirarse a lugares solitarios para orar como práctica cotidiana. La gran pregunta que debo hacerte es: ¿crees que Jesús, siendo Dios mismo en la tierra, necesitaba orar? ¿Piensas que Jesús necesitaba apartarse para acallar las voces exteriores? ¿Crees que Jesús se iba a solas para entender la voluntad de Dios y así depender de Él?

Obviamente, todas las respuestas son afirmativas, pero, sin temor a equivocarme, puedo decirte que para poder ejercer el liderazgo correctamente dentro del propósito de Dios para tu vida, debes estar seguro de conocer su voluntad. Debes orar apropiadamente, buscar las respuestas correctas en los lugares correctos, creer como un niño, tener certeza de que Dios pelea por ti. ¡Obedece, avanza confiadamente hacia lo desconocido; depende únicamente de Dios para transformar a otros!

Ese es el desarrollo de este momento, ya que como aprendiste en el primer capítulo, la humanidad, en su rebeldía natural, originó la independencia de su relación con Dios y eso es lo que ha traído al mundo entero una crisis de liderazgo de magnitudes nunca vistas.

Un líder que depende de Dios, conoce su voluntad

Los líderes por lo general son hiperactivos. Siempre quieren estar haciendo algo que los haga sentir que están en constante movimiento, porque internamente suponen que si no se mueven, se estancan.

El estancamiento detiene el movimiento natural de las cosas y sin duda produce un ambiente de pesadez. En una organización, los elementos que anteriormente fluían con normalidad, comienzan a descomponerse gradualmente hasta que el sistema completo colapsa.

El asunto es que si a ese ambiente le agregas el éxtasis emocional que viven los líderes cristianos, que siempre quieren «correr la milla extra» y sentirse ocupados, creyendo que hacen cosas para Dios, tenemos un caldo de cultivo explosivo que generalmente conduce al colapso del individuo y por ende, del entorno.

Hace algunos años en el discipulado de mi iglesia local, nos dijeron que si haces preguntas erradas o buscas respuestas en los lugares incorrectos, conseguirás todo lo contrario a lo que Dios espera de ti. Y tal vez tu mente diga: «Eso no tiene ninguna trascendencia. Es causa-consecuencia, error produce error».

¿Y si te dijera que estás haciendo la pregunta equivocada? Si te digo que para conocer la voluntad de Dios o entender lo que Él desea que hagas en este tiempo, lo que menos debes preguntar es: «¿Cuál es la voluntad de Dios para mi vida?», ¿qué me dirías?

Sí, lo sé, yo quedé igual. Todo este tiempo buscando la respuesta más importante de mi vida en el lugar equivocado. Pero tranquilo, si llegaste hasta aquí, vas a salir del estancamiento y del afán insufrible de querer obstinadamente hacer cosas para Dios, sin conocer lo que realmente está haciendo en este tiempo en tu ciudad, país o región, con el fin de que te sumes a su trabajo.

Quiero empezar a explicarte algo que parece sumamente complejo, pero es extremadamente simple. Jesús vino a esta tierra a cumplir, no su propósito, sino el propósito de Dios para la humanidad.

El asunto es que a pesar de tener claro su llamado inicial y la misión asignada, necesitó conocer de manera perfecta qué estaba haciendo Dios y dónde lo estaba haciendo para que, en vez de hacer cosas para Dios, su sumara al plan de este. De esta forma sería altamente productivo, certero y sin temor a equivocarse, estaría en el propósito para su vida.

Te lo demuestro con este texto del evangelio de Juan:

Entonces Jesús afirmó:

> *«—De cierto, de cierto, les digo que el Hijo no puede hacer nada de sí mismo, sino lo que ve hacer al Padre. Porque todo lo que él hace, esto también lo hace el Hijo de igual manera. Porque el Padre ama al Hijo y le muestra todas las cosas que él mismo hace. Y mayores obras que estas le mostrará, de modo que ustedes se asombrarán»*[1].

Quiero hacer notar tres elementos:

- **Jesús tenía claro que no podía hacer nada por sí mismo:** Es decir, no era autosuficiente y empoderado para hacer lo que se le ocurriese, aunque en apariencia pareciera bueno.

- **Jesús solamente hacía lo que veía a su Padre hacer:** No inventaba planes para hacer cosas para Dios; hacía lo que estaba seguro de que su Padre ya estaba haciendo y se sumaba.

---
1   Juan 5:19-20

- **Jesús sabía que su Padre le amaba:** Estaba seguro de su relación con Dios y su condición de Hijo prevalecía sobre cualquier actividad.

- **Jesús esperaba que su Padre le indicara qué hacer:** Es algo así como orar en la mañana y preguntarle a Dios: ¿Qué hay para hacer hoy?

No resalté la parte final del versículo porque ahí se encierra la consecuencia más poderosa de conocer la voluntad de Dios y sumarnos a un plan que ya está en marcha desde la eternidad.

> *Trabajar en el plan de Dios conduce a la grandeza del liderazgo en el Reino, entendiendo grandeza como ser servidor de muchos e instrumento de Dios.*

Sumarse al plan de Dios y conocer su voluntad te permite tener la certeza de que, así como a *Jesús, «[...] mayores obras que estas le mostrará, de modo que ustedes se asombrarán»*. Es decir, trabajar en el plan de Dios conduce a la grandeza del liderazgo en el Reino, entendiendo grandeza como ser servidor de muchos e instrumento de Dios.

Lee esta historia con detenimiento observando bien los personajes y los detalles.

En el relato están Jesús, uno de sus discípulos poco conocido llamado Ananías, y un -todavía- Saulo de Tarso. La historia se centra en el momento cumbre de la conversión de Pablo y es posterior al famoso encuentro entre el Señor y aquel camino a Damasco.

La Biblia lo narra así:

> *«Había cierto discípulo en Damasco llamado Ananías, y el Señor le dijo en visión:*
> *—Ananías.*
> *Él respondió:*
> *—Heme aquí, Señor.*
> *El Señor le dijo:*
> *—Levántate, ve a la calle que se llama La Derecha y busca en casa de Judas a uno llamado Saulo de Tarso; porque he aquí él está orando, y en una visión ha visto a un hombre llamado Ananías que entra y le pone las manos encima para que recobre la vista.*

Entonces Ananías respondió:

—Señor, he oído a muchos hablar acerca de este hombre, y de cuántos males ha hecho a tus santos en Jerusalén. Aun aquí tiene autoridad de parte de los principales sacerdotes para tomar presos a todos los que invocan tu nombre.

Y le dijo el Señor:

—Ve, porque este hombre me es un instrumento escogido para llevar mi nombre ante los gentiles, los reyes y los hijos de Israel. Porque yo le mostraré cuánto le es necesario padecer por mi nombre.

Entonces Ananías fue y entró en la casa; le puso las manos encima y dijo:

—Saulo, hermano, el Señor Jesús, que te apareció en el camino por donde venías, me ha enviado para que recuperes la vista y seas lleno del Espíritu Santo.»[2].

2 Hechos 9:10-17

Quiero solamente hacerte unas preguntas sencillas para que puedas tomar consciencia de las bondades de conocer la voluntad de Dios.

- ¿Dios tenía un plan con los gentiles, los reyes y los hijos de Israel?
- ¿Dios le mostró el plan a Ananías?
- ¿Era Ananías el elegido para el plan hacia los gentiles?
- ¿Sintió Ananías envidia del llamado del Señor a Pablo?
- ¿Qué hizo Ananías cuando recibió el mandato?
- ¿Crees que Ananías sintió temor de acercarse a un torturador de cristianos del primer siglo?
- ¿Cuál fue su reacción ante la explicación del Señor?
- ¿Acaso podría Saulo por sus propios medios y habilidades cumplir el llamado de Dios?
- ¿Necesitaba Saulo el Espíritu Santo para llevar a cabo el mandato de Dios y sumarse a su obra?
- ¿Cumplió Ananías con el mandato de la gran comisión al bautizar a Saulo?

Sin duda alguna, aquí hay encerrada una gran lección de estos grandes líderes de la iglesia primitiva: ambos recibieron instrucciones precisas del mismo Jesús, que al obedecerlas los hicieron exitosos en la misión encomendada. Cada uno de ellos pudo desarrollar su máximo potencial dentro del propósito de Dios para su vida y ser eficientes en la tarea asignada para sumarse al plan que estaba por encima de sus propios planes.

> *Lo que crees que haces para Dios, no necesariamente es lo que Dios quiere que hagas.*

Definitivamente, pareciera que Dios ha estado gritando muchas veces ¡Por favor para ya! Lo que crees que haces para Dios, no necesariamente es lo que Dios quiere que hagas.

Quiero guiarte, y con esto no pretendo darte una receta indiscutiblemente perfecta para lograrlo, sino más bien algunos pasos iniciales que te ayudarán a entender que el plan Dios desde siempre es tener una relación contigo y desde ahí generar las bases de confianza para indicarte en qué lo puedes ayudar en este tiempo.

¡No te desanimes! Entra en esa nueva dimensión relacional donde poco a poco llegarás a conocer dónde Dios está obrando, qué necesita que hagas y sobre todo cómo lo debes hacer.

Entonces, en la cima del éxito, es decir, cuando tu relación sea íntima, real y personal con Él, podrás vivir lo que Jesús prometió a sus discípulos: «*[...] Y mayores obras que estas les mostrará, de modo que ustedes se asombrarán»*, siendo siervo de muchos e instrumento útil en las manos de Dios.

> *El plan Dios desde siempre es tener una relación contigo y desde ahí generar las bases de confianza para indicarte en qué lo puedes ayudar en este tiempo.*

Dios necesita ser conocido por la humanidad a través de ti, y tu obediencia al sumarte a su plan es lo que le permitirá a los que no le conocen verlo en ese líder que es usado por Él en este tiempo.

La oración es una de las primeras llaves que abre las puertas del plan.

Orar para tener una relación con Dios

La vida de un líder es tan complicada como la de cualquiera, la diferencia es que al estar frente a las situaciones, y tomar decisiones que implican riesgos personales y colectivos, siempre hay que buscar el fundamento del carácter correcto para evitar males mayores.

Todo lo que hace un líder debe tener un sentido claro de propósito, es decir, nadie puede estar haciendo cosas por estar ocupado, fijar metas para sentirse productivo, o quizás la peor de todas: ordenar a las personas a hacer cosas solo por sentir que tiene autoridad para mandar o dirigir.

Frente a una probable contingencia donde tienes que actuar de forma consciente, hay algo que muy pocos consideran para tomar decisiones: la oración.

La oración te permite detenerte por segundos antes de avanzar y recordar que hay un Dios fuerte y grande que puede pelear por ti esa y todas las batallas, siempre y cuando se lo permitas.

Quizás me dirás: ¿acaso el avance de una decisión debe estar condicionado siempre a una oración? Mi respuesta es: depende. Nadie oraría para que Dios le diga el color de la ropa interior que debe usar para salir a trabajar, por ejemplo, y esa es una decisión que tomamos a diario. Sin embargo, cuando decidimos por hábitos racionales, corremos el riesgo de confiar en nuestras habilidades siempre y dejamos de lado a Dios.

El problema se presenta generalmente en medio de una decisión que reta tus expectativas naturales y Dios te introduce en medio de una crisis de fe. Es entonces donde la única opción que tienes es orar para que tus emociones menguen y tus deseos personales sean subordinados a la voluntad de Dios. De esa forma, podrás confiar y actuar para que, como decía el apóstol Pablo, en 1 Corintios 9:25-27, puedas llegar a la meta, no corriendo a la aventura, o peleando como quien golpea el aire para no ser eliminado, sino para recibir el premio eterno e incorruptible, pues en cada situación y en cada batalla, glorificamos el nombre de nuestro Señor y con nuestras obras somos heraldos de sus buenas nuevas.

Dios te va a pedir que lideres en circunstancias imposibles desde el punto de vista humano, por eso quizás lo que te están ordenando hacer es de dimensiones divinas y no lo puedes alcanzar con tus fuerzas. Es en ese momento en el cual un líder nacido de nuevo, activa los únicos recursos que tiene: fe y oración.

Como siempre, quién mejor que Jesús para darnos ejemplo de liderazgo y demostrar que, por medio de la oración, se puede llegar no solo a conocer la voluntad perfecta de Dios, sino también a depender, confiados y seguros, sin importar las consecuencias.

Al leer Mateo 26:39, vemos a Jesús orando para pasar el trago amargo que significaba su muerte en la cruz. En ese momento, en el Getsemaní, sentía una agonía que no le permitía seguir avanzando; sin embargo, apeló al mejor recurso que tenía: orar. Aun así, a pesar de conocer el resultado final, que era la muerte de cruz para que se cumplieran las Escrituras, Jesús le dijo al Padre: *«Padre mío, de ser posible, pase de mí esta copa. Pero, no sea como yo quiero, sino como tú»*, es decir, tu voluntad.

Emocionalmente, Jesús estaba devastado, no quería pasar por ahí; perfectamente pudo haber decidido salvarse a sí mismo, en lugar de salvar a la humanidad. Sin embargo, al conocer la voluntad perfecta y agradable de Dios para su vida y estar seguro de que todo aquello era necesario que ocurriera, aceptó el llamado del Padre, aún entendiendo que el silencio en la respuesta de su oración era un: «solo obedece».

> *El cansancio es uno de los peores enemigos de un líder. En medio del agotamiento extremo, la conexión con Dios se interrumpe, aunque tengas un tiempo devocional y de aparente intimidad con Dios.*

Es difícil detenerse para orar; es más fácil pensar y actuar, pero si peleas por ti mismo, tus fuerzas se agotarán y pronto estarás tan cansado que no tendrás intenciones de relacionarte con Dios.

He aprendido con el tiempo y el ejercicio del liderazgo, que el cansancio es uno de los peores enemigos de un líder y que, en medio del agotamiento extremo, la conexión con Dios se interrumpe, aunque tengas un tiempo devocional y de aparente intimidad con Dios.

Quiero compartirte una herramienta sencilla que he utilizado por algún tiempo, que me ha permitido frenar en seco antes de tomar decisiones alocadas y emocionales en mi liderazgo, y que seguramente será de gran utilidad en tu vida.

Paso 1:
Lo primero que hago es identificar la situación que es-

toy viviendo, por sencilla que sea, y hago este cuestionario en mi devocional.

- ¿Cuál es el problema?
- ¿Cómo puede usar Dios mi problema? (Escribo el problema en forma de una pregunta a Dios)
- ¿Estoy dispuesto a cumplir su voluntad durante toda mi vida en este aspecto?

Paso 2:
Determino cuánta confianza tengo en Dios para esa situación y respondo a las siguientes preguntas.

- ¿Deposité mi problema en manos de Dios en primer lugar?
- ¿Estoy dispuesto a aguardar la solución de Dios?
- ¿He buscado respuesta para esta situación en su palabra?

Paso 3:
En lugar de actuar, doy paso al Espíritu Santo para que me conduzca en el camino.

- ¿Le he permitido al Espíritu Santo que me llene, me guíe hacia las Escrituras y las pueda aplicar a mi problema?
- ¿Con cuál pasaje bíblico me está hablando? (aquí debes poner atención y no escribir el versículo que te gustaría leer, sino el que el Espíritu Santo te indique)

- ¿Cómo creo que se aplica este pasaje bíblico a mi situación actual?

Paso 4:
Oro de acuerdo con la voluntad de Dios y no conforme a mis deseos temporales.
- ¿Cuál es mi motivo de oración específico?

Paso 5:
Acepto la voluntad de Dios. Este sin duda es el momento de mayor madurez de un líder y donde se demuestra realmente el temple del carácter, ya que implica rendirse completamente para entender que el plan eterno es más grande y mejor que el terrenal.
- ¿Qué pienso que hará Dios?
- ¿Puedo aceptar con seguridad lo que proviene de Él?

Paso 6:
Actúo conforme al mensaje de Dios para mi vida en esa situación específica.
- ¿Qué voy a hacer de inmediato?
- En respuesta a mi oración, ¿qué hizo Dios?
- ¿Qué más necesito hacer?

Posiblemente, este esquema para conocer sistemáticamente la voluntad de Dios no se aplicará en todos los casos, ni frente a decisiones que debes tomar y actuar en cuestión de segundos o de minutos, sin tiempo suficiente para elaborar conscientemente el cuestionario por la premura de los acontecimientos. Sin embargo, quiero alentarte porque a medida que profundices en tu relación con el Padre, por medio de Jesús, este te conducirá a entender las instrucciones para el próximo paso y depender de Dios confiadamente en tu liderazgo.

No puedes tener la oración como único recurso, siempre su Palabra será una referencia obligada para depender de Dios, pues sus promesas y sus estatutos, te conducirán hacia una profundidad llena de sabiduría que está cargada de principios absolutos incuestionables.

Buscar la respuesta en su Palabra y creer sus promesas

El mundo tiene un sistema que se sostiene sobre la base de verdades aparentes, las cuales, al ser expuestas reiteradamente, le permiten a las personas sentirse complacidas y hasta confortables.

Cuando una persona se expone a la verdad de Cristo,

es confrontada en su mente sobre cuestiones que percibía como aparentemente ciertas y que durante mucho tiempo hicieron metástasis en su sistema de valores.

Sin embargo, la exposición habitual a la Palabra de Dios hace mella en los surcos mentales que, al ser superficiales, pueden ser limpiados para dar paso a nuevas brechas del intelecto tan profundas que difícilmente pueden ser nuevamente llenas con banalidades mundanas, ya que provienen del Espíritu.

El liderazgo de este tiempo debe tener la certeza y la capacidad espiritual para explorar áreas inéditas del conocimiento que le permitan, en primera instancia, contrarrestar los puntos de vista personales que se oyen por todos lados, para luego dar paso a aquellos que realmente provienen de escudriñar las Escrituras. Todo esto con el único fin de convertirse en profetas modernos que declaren el poder de Dios porque lo conocen y lo escuchan, haciendo del mensaje cotidiano una práctica que contrarreste el espíritu de la mentira con el Espíritu de la Verdad.

Un líder que depende de Dios no puede tener miedo de enfrentar la mentira del mundo con la verdad de la Palabra revelada a su vida; no puede sentir desánimo por las consecuencias de hacer lo correcto, muy a pesar de lo «cuesta arriba» que las circunstancias se muestren en su realidad. Mucho menos puede rendirse ante las descabelladas propuestas del liderazgo populista que pretende agradar a los hombres para luego traicionarlos, en lugar de agradar a Dios.

Cuando tu liderazgo está cimentado correctamente en el carácter, las verdades de la Palabra de Dios te proveen la sabiduría suficiente para dar respuestas acertadas ante cualquier circunstancia, sin que tu marco referencial de principios y valores sea vulnerado.

Cada minuto los líderes mundiales toman decisiones que afectan a millones de personas y lo hacen con la excusa de permanecer y conservar su influencia, poder o autoridad, haciendo creer al común denominador que lo que hacen es lo correcto.

Te quiero preguntar algo: ¿En qué se diferencia un líder del mundo a uno que depende de Dios?

La respuesta la tiene el apóstol Pablo al explicarlo así: «*Hijitos, ustedes son de Dios, y los han vencido, porque el que está en ustedes es mayor que el que está en el mundo. Ellos son del mundo; por eso, lo que hablan es del mundo, y el mundo los oye. Nosotros somos de Dios, y el que conoce a Dios nos oye; y el que no es de Dios no nos oye. En esto conocemos el Espíritu de verdad y el espíritu de error.».*[3]

Cuando un líder entra en el sistema de Reino y ejerce su liderazgo desde ahí, entonces, al depender de Dios consciente de lo que dice su Palabra, puede exportar hacia el mundo las verdades absolutas hacia un mundo relativizado en todos los aspectos.

Lo lamentable es que muchos líderes cristianos quieren penetrar el mundo desde la perspectiva del mundo y terminan relativizando conceptos, o, en el peor de los casos, asimilando conductas efímeras que agradan al mundo, suavizan la responsabilidad del Evangelio y con el tiempo pierden su influencia en ambas esferas: el mundo y el Reino.

Un líder que depende de Dios, tiene fe inquebrantable

La fe es la respuesta de la persona a la revelación de Dios en Cristo. Incluye la comprensión en el intelecto, la profundidad de las emociones y el compromiso de la voluntad y tiene un inevitable componente que nos conduce a mirar en principio dentro de nuestras propias capacidades.

---
[3] 1 Juan 4:4-6

Las personas, por lo general, creen conforme a lo que ven o inclusive lo hacen con base en sus propias experiencias y aprendizaje pasado, sin tomar en consideración que Dios quiere hacer todos los días algo nuevo. Sin embargo, cuando un líder hace planes dependiendo de Dios, indudablemente pone su confianza en Él y al sumar sus habilidades limitantes al proceso, elimina la incertidumbre.

> *Para que la fe se active en la vida de un líder, debe cuestionar absolutamente todo lo que considera que puede alcanzar con sus fuerzas, poner a un lado su propio sueño, dejar de intentar desarrollar sus propios planes e iniciar una aventura fascinante hacia lo desconocido para alcanzar lo que Dios siempre pensó para su vida.*

Dejar que Dios haga es sumamente desesperante, ¡yo lo sé!, sobre todo cuando ya estás en el ejercicio del liderazgo y sientes que si no te mueves, te estancas. Pero recuerda que sus planes son mejores que los tuyos y al entrar en la dimensión del sueño de Dios, tu carga cada vez se hace más ligera, porque todos los recursos, personas, conexiones y puntos de encuentro con nuevas oportunidades están ahí desde siempre.

Para entender eso, solo debes hacer silencio y ver a tu alrededor en qué o dónde Dios está trabajando y sumarte. Dar ese paso es un acto absoluto de fe que te hará crecer sin límite y ser útil para el gran plan de Dios.

Y cuando descubres qué está haciendo Dios a tu alrededor, ¡eureka! La perspectiva humana desaparece y comienzas a tener una visión ampliada por la sencilla razón de que en tu humanidad la visión tiene un punto final, pero la visión de Dios es eterna. Por eso, cuando ves desde la fe, el Creador te hace visible un punto en el horizonte y ahí comienzas a soñar de nuevo, no con tus sueños cortos, sino desde la eternidad de algo que ni siquiera se puede imaginar.

En consecuencia, permitir que Dios trabaje en medio de la fe, hace que ya no tengas que buscar recursos, personas o conexiones, ni que tampoco tengas que motivarlas o persuadirlas. Dios los llama a trabajar contigo en su obra dentro de una visión que está fundamentada en el propósito eterno diseñado en un lugar específico, en un tiempo específico y para alguien específico, es decir: ¡TÚ!

> *Cuando, por medio de la fe, entras en la dimensión de lo humanamente desconocido y dejas que el Señor trabaje, comienzas a entender que el esfuerzo por ver el propósito de Dios cumplido es mínimo en comparación con la maravillosa experiencia de dejarte sorprender viendo lo nuevo suceder, mientras obedeces una Palabra de Dios.*

Para poder llegar a ese nivel de comprensión de la visión de Dios para alguien, se tiene que pasar por un proceso continuado de fracasos agotadores de los cuales ni querrás hacer memoria. La pregunta es: ¿por qué Dios permite el fracaso? Porque necesita que tú sigas tus propios planes y fracases dolorosamente para que te hagas parte de una de las enseñanzas más costosas que he vivido: aprender por medio del dolor.

Cuando entiendes que no está en ti hacer planes, ni soñar la manera en la que Dios lo hará; sino que, al contrario, dependiendo de Dios te sumas a su plan y a su estrategia eterna, puedes confiar y descansar en sus respuestas y en sus increíbles formas de sorprenderte. Entonces estarás descansando y no hiperventilando en medio de la ansiedad.

¿Es fácil hacer algo así en medio de un mundo tan cambiante, lleno de variables y de enseñanzas que motivan a ser más competitivos cada día? ¡Absolutamente no! Por eso este libro habla de la dependencia de Dios en el liderazgo como herramienta para alcanzar una visión trascendental, y no de un método continuado y sistemático para alcanzar lo que Dios prometió.

> *Si conectas con lo eterno, con lo que fue desde y hasta la eternidad, te garantizo que el propósito para el cual Dios te diseñó será tan real como la fe que necesitas para verlo.*

Si no tienes una relación personal, íntima y real con Dios, tus planes, tu propósito y tu visión están limitados al campo de tus posibilidades. Pero si conectas con lo eterno, con lo que fue desde y hasta la eternidad, te garantizo que el propósito para el cual Dios te diseñó será tan real como la fe que necesitas para verlo.

Si tan solo crees y tienes fe del tamaño de un grano de mostaza, verás cosas increíbles suceder a tu alrededor y tus expectativas nunca más serán fundadas en cuestiones humanas (que, por cierto, serán siempre insuficientes), sino basadas en realidades eternas donde no hay límite alguno.

Muchos líderes suponen que la fe se puede obtener por medio de programas, libros o métodos que te dejen saber hasta dónde podemos creer. Todo eso es filosofía humana que sirve hasta cierto punto, hasta cierto nivel, hasta cierto momento; pero la verdadera medida de la fe está determinada por Dios y es Él mismo quien se la da a cada persona por igual, a fin de que nadie pueda competir con otro y sea de provecho para el Reino de acuerdo a las necesidades de Dios.

El apóstol Santiago, explica cómo la fe de los líderes es probada a fin de que generen dependencia de Dios en medio de las circunstancias, de la siguiente manera: «Hermanos míos, tengan por sumo gozo cuando se encuentren en diversas pruebas sabiendo que la prueba de su fe produce paciencia. Pero que la paciencia tenga su obra completa para que sean completos y cabales, no quedando atrás en nada».[4]

---

4 Santiago 1:2-4

La constancia en medio de la prueba permite llegar al final del plan de Dios, para que seas perfeccionado y desarrolles el carácter suficiente, mientras el Señor se encarga de los recursos.

Allá afuera hay millones de líderes que son sabios en su propia sabiduría, confían en sus propias habilidades y no dependen de más nadie que de sí mismos. Sin embargo, también hay millones del otro lado que dependen literalmente de Dios.

Solo para aquellos que obvian lo que conocían y se hacen aprendices, niños intelectuales naciendo de nuevo, se les permite entrar en la dimensión del conocimiento pleno de las verdades secretas que para aquellos que dicen ser «sabelotodo» siempre estarán ocultas.

Almacenar conocimiento de la verdad sin aplicación trae muerte, porque solamente el conocimiento de lo eterno y su puesta en práctica a través de la justicia nos conduce a impactar la eternidad. De esta manera se tiene la certeza de que el privilegio de conocer de la verdadera sabiduría, solo está disponible para aquellos líderes que dependan absolutamente de Dios y creen como niños.

Jesús lo resumió así:

> *«En aquel tiempo Jesús respondió y dijo: "Te alabo, oh Padre, Señor del cielo y de la tierra, porque has escondido estas cosas de los sabios y entendidos, y las has revelado a los niños"».[5]*

Los líderes pueden llegar a sentir miedo a lo desconocido, incluso aquellos que dependen de Dios en sus proyectos; sin embargo, en la propia medida de fe que te ha sido dada, tú puedes avanzar cruzando el umbral de temor.

Los miedos
y la fe

Los miedos literalmente matan la fe y por eso algunas veces los líderes dejan de creer. Las imágenes falsas de cosas que parece que van a ocurrir, son solo expectativas sobre realidades que se vivieron en el pasado, pero que no necesariamente van a volver a pasar.

---
5 Mateo 11:25

El temor a lo desconocido es una variable necesaria para atreverte a cruzar la línea delgada que separa la frontera del éxito con la del mejor éxito de tu vida.

Las circunstancias te empujan a dejar de creer en ti mismo, pero la dependencia de Dios te impulsa a ser alguien de propósito inquebrantable que jamás se rinde ante las adversidades presentes o futuras por el solo hecho de sentir temor.

El liderazgo hace sentir que el corazón late a la velocidad necesaria para empujar toda la sangre que se requiere para dar ese gran paso hacia lo desconocido. Pero si no quieres darlo hoy, te pregunto: ¿qué es peor: quedarte de este lado o atreverte a cruzar? Puedes imaginarte a Moisés diciendo al pueblo de Israel: «Era jugando, nos devolvemos a Egipto, porque Dios nos trajo por el camino incorrecto. Aquí está el mar».

Si no tienes la certeza absoluta de que Dios te está dando una orden, lanzarte al vacío no es un acto de valentía; es un acto absoluto de irresponsabilidad contigo mismo y con aquellos que confían en tu liderazgo.

Quiero ser enfático en este aspecto, porque, si no tienes la certeza absoluta de que Dios te está dando una orden, lanzarte al vacío no es un acto de valentía; es un acto absoluto de irresponsabilidad contigo mismo y con aquellos que confían en tu liderazgo.

La necesidad de creer el mandato de Dios para tu vida, debe ir en incremento y hacerse cada día más fuerte, porque tu determinación habita en el corazón de aquellos que te siguen y esperan la señal de arrancada hacia lo que será el viaje más maravilloso de tu existencia. Recuerda que el liderazgo denota equipos de trabajo.

No hay estrategia humana que pueda superar el propósito de Dios. Cuando un líder es probado en su fe y obedece, siempre se abre una puerta más grande delante de él. El pasado solamente te mostrará el camino andado, pero te aseguro que si dependes de Dios, el miedo a repetir los fracasos del ayer desaparecerá paulatinamente y la confianza en el futuro, será mucho más llevadero día tras día.

Los líderes que dependen de Dios tienen que ser como niños.

Un líder que depende de Dios, no pelea con Él

El ímpetu del liderazgo muchas veces demanda más esfuerzo del requerido, agrega extensas horas de trabajo duro, procura intensidad en el control de las variables y desarrolla habilidades extremas que hacen que el enfoque sea preciso, que nada te distraiga.

Repetir frases como: «¡Claro que podemos!» «¡Vamos a la meta!» «¡No se termina hasta que se termina!» son dinámicas que un líder maneja a la perfección, ya que la determinación para alcanzar el paso siguiente, hacen que nada te detenga.

Ahora bien, ¿qué pasa cuando te esfuerzas y sobrepasas tus propias expectativas, el equipo está animado, hay determinación, pero las cosas no marchan ni fluyen como planeaste? ¿Qué ocurre en la mente del líder cuando faltan horas para llegar a la fecha límite y todavía, pese al esfuerzo, no hay un horizonte claro? ¿Qué decir cuando sabes que hicieron todo lo que planeaste y ya es la fecha y no se logró el objetivo que trazaste?

Estos son los momentos en los cuales honestamente desearías que otra persona estuviera al frente, que otro tuviera que dar la cara o que tú solo fueras un miembro más de ese equipo que trató y no va a poder.

Ese es el momento en el cual un líder consciente de su compromiso debe detenerse y hacerse esta pregunta: ¿Y si Dios no quiere? Eso es frenar en seco.

El apóstol Pablo, en medio de su ímpetu y determinación, vivió tres episodios, tres llamadas de atención, que, en lo personal, pienso que son dignas de reflexión para los que queremos hacer cosas dependiendo de Dios.

Primera llamada de atención

Pablo está en la antesala de realizar la gesta evangelizadora más importante de su carrera: predicar en Asia, pero deben atravesar por Frigia y Galacia «[...] porque les fue prohibido por el Espíritu Santo hablar la palabra en Asia».[6]

Segunda llamada de atención

Acto seguido, en su intento por hacer cosas para Dios y no, cosas de acuerdo con la voluntad de Dios, Pablo insiste en el asunto; sin embargo, «Cuando llegaron a la frontera de Misia, procuraban entrar en Bitinia, pero el Espíritu de Jesús no se lo permitió.».[7]

---

6 **Hechos 16:6.**
7 **Hechos 16:7.**

Tercera llamada de atención

Así que, en su indetenible afán, fueron a Troas. Pero una noche, estando ya listos para el viaje, como era costumbre, el apóstol de los gentiles va a descansar y quizás, en medio de su oración o mientras dormía (la Biblia no lo dice) tiene una visión *«[...] en la que un hombre de Macedonia, puesto de pie, le rogaba: "¡Pasa a Macedonia y ayúdanos!"»*.[8]

Cuando yo leo este tipo de episodios, diviso cosas y enseñanzas increíbles en la Biblia como respuesta a muchas de las tantas luchas internas que tienen los líderes en su diario devenir.

Entiendo, además, que cada líder en medio del afán por hacer lo que Dios le ordenó corre el peligro inminente de enredarse en actividades que quizás pueden ser en apariencia «buenas», pero que cuando se tiene el balance al final del día, son solamente buenas intenciones.

> *Las buenas intenciones fuera de la voluntad de Dios son desobediencia, y esto tiene consecuencias severas tanto para el liderazgo que toma tales decisiones, como para el plan eterno en la tierra.*

---
8 Hechos 16:9.

Intentar desviar el propósito de Dios trae, en mi experiencia personal, dos consecuencias inquebrantables:
1. Dios intenta detener a su escogido para que rectifique, o
2. Dios desecha al escogido y se busca a otro para seguir con el plan.

Lo que te voy a decir, no es lo más motivador que vas a escuchar, pero conozco cientos de líderes que hicieron cosas para ayudar a Dios y terminaron al borde del camino, perdidos, cansados, sin aliento y sin propósito definido, porque no se atrevieron a entender la voluntad de Dios y depender de este a ciegas.

Me encanta la referencia de Pablo porque recibió señales evidentes de que, a pesar de que lo que quería hacer era bueno, Dios, en su infinita misericordia, le corrige la ruta dos veces y hace visible un encuentro con un sujeto de una ciudad llamada Macedonia, en la cual estaba el plan de Dios para salvación.

Puede ser que esto te suene fuera de todo pronóstico, pero tu vida, tus planes y tu sueño le pertenecen a Dios, Él fue quien te lo dio todo. Detente un segundo y a solas con Dios, pregúntale a tu Creador: ¿Es este el camino correcto para llegar a donde me dijiste, o sencillamente en mi propia inteligencia hice lo que creí mejor porque controlaba las variables?

Ahí, en su misericordia, Dios te dirá qué quiere y cómo puedes enderezar el plan. Confía. Eso es todo.

> *Un plan concebido desde las entrañas de Dios y revelado a los hombres en forma de visión es algo indetenible, posible, inquebrantable, conector de propósitos y a prueba de fracasos.*

Nuestra débil humanidad jamás será comparada con la grandeza de Dios. Puede que esta sea revelada a un mortal como tú y como yo; sin embargo, lo que el Creador dijo que haría contigo, lo cumplirá. El trabajo de un líder es solamente estar atento a las señales.

Hay algo en esta tierra que Dios necesita resolver y tú eres la respuesta a esa necesidad, pero para que eso ocurra debes haber descubierto para qué naciste. Debes conocer el propósito de Dios para tu vida, ya que en la suma de intentos fallidos y de las muchas experiencias equivocadas, fuera del plan de Dios, es difícil llegar a hacer algo que impacte la eternidad.

Ahora bien, dentro del plan de Dios, todo lo que haces tiene sentido y destino, y además, tiene una meta, punto de llegada o finalidad para el Reino. Puedes reconocer la realidad circundante y relacionarte con ella porque es un ambiente seguro que Dios creó para que te desarrolles, aunque parezca extremadamente hostil.

Entonces, te pregunto: ¿Qué necesidad tienes de pelear con Dios?

UN LÍDER QUE DEPENDE DE DIOS, AVANZA

Durante este intenso viaje acerca de la dependencia de Dios en el liderazgo, pudiste transitar por una serie de conceptos que te permitieron conocer en primera instancia la razón por la cual el ser humano, mientras no conoce a su Creador, vive en una constante rebelión en contra de los principios universales que garantizan la estabilidad en el liderazgo.

Estas rebeliones interminables conducen a una serie de espirales de insatisfacción sin final que llevan a los líderes a creer cualquier teoría, fábula o idea, que aunque parezcan buenas, relativizan los principios y las verdades absolutas de Dios para la humanidad, reveladas en su Palabra.

Tristemente, en medio del constante esfuerzo por alcanzar lo efímero de la vida, se tiende a figurar a Dios y creer incluso que se atiende a su llamado, cuando lo cierto es que al idealizar los proyectos personales, se colocan en las manos de un dios imaginario que solo cumple los deseos de la mente o peor aún, concede los deseos de un corazón que no busca conectar con la fuente de creación.

Un líder de este tiempo, necesita cambiar, y hacerlo conscientemente de que el cambio es necesario e inevitable. Debe hacerlo, desde la renovación del entendimiento, creyendo que el cerebro es moldeable de forma ilimitada y que puede sustituir mentiras del mundo y sus sistemas, por verdades absolutas fundamentadas en la Palabra de Dios, las cuales a través de un proceso sistemático de incorporación permiten que su mente cambie para que, como dice el apóstol Pablo: *«No se conformen a este mundo; más bien, transfórmense por la renovación de su entendimiento, de modo que comprueben cuál sea la voluntad de Dios, buena, agradable y perfecta».*[1]

Un líder no puede avanzar sin conocer la voluntad de Dios para su vida. Identificar en donde está operando para sumarse a ese plan divino y ser instrumento para muchos en su área de propósito es esencial para que, desde ahí, pueda desarrollar su máximo potencial a través de habilidades inherentes al Espíritu que solamente

---

1 **Romanos 12:2.**

se activan cuando se depende de Dios al aceptar que su voluntad en buena, perfecta y agradable.

Avanzar trae dificultades

El calibre de un líder se mide por la suma de circunstancias difíciles que haya tenido que sobrellevar y soportar. La suma de todas las batallas es lo que permite a sus seguidores seguir avanzando hacia adelante en medio de las nuevas circunstancias, confiados en que quien los dirige tiene una perspectiva centrada en el propósito que Dios depositó en su vida.

El asunto es que las dificultades siempre van a estar ahí. Día tras día los líderes las sortean; sin embargo, cada pequeño paso que se da en medio de la voluntad de Dios, ayuda a pensar en diferentes alternativas para resolverlas.

Todo lo que ocurre, para un líder que depende de Dios, le permite avanzar confiado hacia la meta, porque está consciente que cada situación añade bendiciones para su vida, tal como advierte el apóstol Pablo: *«Y sabemos que Dios hace que todas las cosas ayuden para bien a los que lo aman; esto es, a los que son llamados conforme a su propósito».*[2]

---
2 Romanos 8:28.

> *Un líder que depende de Dios, debe ser llamado en primer lugar y, al aceptar el llamado, conoce la voluntad de Dios y se suma al propósito eterno para él en ese momento.*

Hay un énfasis en el texto antes transcrito: «los que han sido llamados conforme a su propósito». Esto me permite hacer evidente que un líder que depende de Dios, debe ser llamado en primer lugar y, al aceptar el llamado, conoce la voluntad de Dios y se suma al propósito eterno para él en ese momento.

Lamentablemente, nuestro subconsciente trae al presente ideas del pasado, que en su momento funcionaron correctamente. Sin embargo, aunque aquello en el pasado fuera útil, puede que ya no lo sea, ya que posiblemente los resultados que se obtengan, sean idénticos a los anteriores y eso impide el avance.

Ahora bien, confiar en ti mismo, producto de las instrucciones de Dios, produce en los demás seguridad y paulatinamente se genera confianza y, por ende, influencia. Pero, sin duda, la confianza en Dios causa que otros crean en Él, y eso te hace poner en la perspectiva correcta cada paso hacia la victoria de cada batalla.

Los decepcionantes episodios del pasado generalmente producen recuerdos en el subconsciente que no tienen tiempo y espacio, es decir, cuando algo te defrauda y sufres una profunda desilusión, no importa cuánto tiempo ha pasado desde entonces, tu mente inmediatamente produce básicamente cuatro secuencias:

Advertencia: te avisa que te enfrentas a una situación similar.
Recuerdo: te dice: ¡te van a defraudar! Esto ya lo viviste.
Bloqueo: Genera un inhibidor que te aleja del presunto dolor que puedas vivir.
Acción: No creas lo que te dice, hasta que no veas.

Esa es la principal razón por la que te cuesta tanto confiar en las promesas de Dios, porque lo equiparas en tu mente finita a una persona cuando en realidad sus promesas son eternas, y te ha dicho:

> *«Dios no es hombre para que mienta, ni hijo de hombre para que se arrepienta. Él dijo, ¿y no lo hará? Habló, ¿y no lo cumplirá?»*[3]

---
3 Números 23:19

> *Líder: ¡revierte el ciclo ahora mismo! Las promesas de Dios sobre tu liderazgo jamás serán invalidadas por la incredulidad humana.*

Muchas veces, en nuestra humanidad, en lugar de buscar ser líderes que impacten en la eternidad, buscamos un vengador que resuelva de inmediato nuestro sufrimiento temporal.

Si te pregunto hoy: ¿y si los buenos matamos a todos los malos, qué pasaría? La respuesta en primera instancia parece obvia: la maldad se acabaría.

Ahora bien, si los buenos matamos a todos los malos, entonces los buenos nos convertimos en asesinos, por ende, ahora pasaremos a ser los malos y seguramente, más tarde que temprano alguien le pondría precio a nuestra cabeza.

Jesús no vino a esta tierra a demostrarnos su poder y su justicia como un vengador. Él más bien se convirtió en el héroe que inmortalizó la hazaña más increíble de todos los tiempos: morir clavado en una cruz, hacerse maldito y cargar con todas nuestras transgresiones, para que, siendo esclavos de este mundo, fuéramos juzgados y hallados inocentes por medio de Él para gozar de libertad plena.

Jesús no mató a nadie, no exterminó a ninguna persona, no promovió la abolición de algún tipo de pensamiento, sino que más bien se dio a sí mismo por una causa que, aunque estaba perdida, era más noble que cualquier otra.

¿Cómo pasar por alto lo dicho por Isaías 53:5?

> *«Pero él fue herido por nuestras transgresiones, molido por nuestros pecados. El castigo que nos trajo paz fue sobre él, y por sus heridas fuimos nosotros sanados».*

Avanzar implica fe

Sin lugar a duda, avanzar hacia la voluntad de Dios implica creer como niños y además tener una fe inquebrantable. Es imposible depender de Dios en el liderazgo sin creer que Él mismo va a cumplir lo que prometió bajo cualquier circunstancia.

Creer es un acto de responsabilidad en el liderazgo, no es un impulso emocional que conduce a hacer algo pensando que puede llegar a ser. ¡Absolutamente no! Es la convicción absoluta de que es Dios mismo quien lo está ordenando, con el fin de cumplir su propósito a través de alguien, quien por medio de la obediencia hará con sus acciones que el nombre de Dios sea glorificado por aquellos que lo ven liderar.

Avanzar no es tan sencillo como probar a ver que tal va, o vamos a ver si a Dios le gusta esto esta vez. Definitivamente, un líder de este tiempo, trabaja en función a instrucciones claras, producto de su relación con Dios, con el real, no con el imaginario de nuestra mente que está disponible y dispuesto para atender caprichos personales.

Ahora bien, depender de Dios y avanzar haciendo su voluntad es extremadamente divertido, retador, confrontador, desconcertante e inimaginable, porque la mente finita del líder no tiene capacidad de cálculo ni referencia métrica de la magnificencia del propósito de Dios en su vida. Dios solo muestra pequeñas escenas, pero nunca la película completa para evitar que, en medio del ímpetu del líder, este pueda sospechar que la gloria no sea de Dios.

Epílogo

Un líder que depende de Dios, sentirá que avanza sobre una cuerda floja sin horizonte a la vista, pero con la certeza de que, quien está dando la orden, promete estar siempre con él y sostenerlo con su mano hasta el final.

Un líder que depende de Dios, no cuestiona o pregunta ¿cómo voy a hacer esto?; él solamente está convencido de que Dios está con él y en él, y que si solo camina llegará a la meta.

Un líder que depende de Dios, conoce la soberanía del Señor y está listo para que sus planes en algún momento sean cambiados por los del que lo llama. De esta forma, la posibilidad de querer llegar en sus propias fuerzas se reduce a un *«Bástate con mi gracia»* y así conocer a profundidad que los planes de Dios son mejores que los suyos, pero que sus pensamientos son más altos aún.

Un líder que depende de Dios, entrega el timón de la barca, aunque sea un marinero experimentado, para que el rumbo sea certero y el puerto de llegada, seguro; sin embargo, en medio de la travesía, toma decisiones para mejorar la navegación. Recuerda que el timonel solo dirige, pero los marineros hacen que el barco avance.

Un líder que depende de Dios tiene plena convicción de que los recursos, las conexiones, los miembros de su equipo, la provisión diaria y todo lo que necesite para llevar a cabo la tarea encomendada, están garantizados de principio a fin.

Un líder que depende de Dios, tiene éxito en todo lo que hace, no como el mundo lo muestra, sino como el Reino inconmovible al que representa lo enseña en su constitución.

Vivir el proceso de la dependencia en mi vida ha sido la aventura más increíble y desafiante que he vivido. Atrévete a llegar más lejos de lo que tu vista alcanza y comienza a mirar desde la visión de Dios.

Sobre el Autor

Entrenador de líderes, coach, escritor y conferencista, Juan Carlos Calderón tiene el don de guiar a las personas a encontrar el propósito de Dios para sus vidas. Descrito por sus allegados como el «catalizador de liderazgo» ha formado a miles de líderes relevantes en Iberoamérica, capacitándolos para marcar la diferencia en donde sea que se encuentren. Empresario, visionario, abogado de profesión. Es padre y esposo con una familia unida y formidable. Su pasión y objetivo de vida es servir, ayudando a las personas a descubrir el propósito de Dios y alcanzar su máximo potencial, a través de diferentes herramientas como: talleres, conferencias, libros y asesorías con las que les enseña a líderes en construcción, las herramientas necesarias para hallar y entender su misión de vida entre otros aspectos del liderazgo. Es presidente de la Escuela de Liderazgo de Alto Impacto

(ELAI), donde ha desarrollado modelos de formación académica que ayuda a líderes emergentes a conseguir y cumplir su propósito. También se desempeña como escritor en diferentes plataformas digitales y es conductor del *podcast* «Hablemos de Liderazgo».

Para más información y contacto, visita:
w w w . l i d e r a z g o e l a i . o r g ,
o escribe al email presidente@liderazgoelai.org.

Encuentra a Juan Carlos Calderón
en sus redes sociales como:

@jccaderonn

CERTIFICACIÓN EN LIDERAZGO DE ALTO IMPACTO

APRENDE   **VIVE**   **LIDERA**

¿Qué es?

Es un programa de estudio avanzado de liderazgo, que le ayudará a adentrarse en principios transformadores y de alto impacto, contenidos en un libro considerado para algunos como religioso: **"La Biblia"**, pero que en realidad ofrece grandes aportes en el liderazgo y es de allí, de donde se nutre nuestra oferta académica con un contenido innovador de conceptos de gran eficacia.

En **ELAI** ayudaremos a los estudiantes a abrir sus ojos hacia zonas nunca antes exploradas dentro del campo de liderazgo, y a no vivir *"según los criterios del tiempo presente; al contrario, a cambiar su manera de pensar para que así cambie su manera de vivir"* **(Rom. 12.2)** y por ende su liderazgo.

www.liderazgoelai.org

OTROS LIBROS

ADQUIÉRELO AQUÍ!

Sinopsis EFECTO LABERINTO

Nadie nace azarosamente. Cuando nacemos todos tenemos un propósito por el cual fuimos creados. Una vez que descubrimos nuestros dones y talentos, y los ponemos al servicio de Dios, inmediatamente nos es revelada una visión que nos ayudará a transitar por un camino hacia lo que creemos será el capítulo final de nuestra vida.

Efecto Laberinto es un libro vibrante, ideal para desbloquear nuestra mente como para motivar a un equipo. Es un gran aporte en el camino para cambiar nuestros objetivos o alcanzar una visión más clara para nuestra vida, empresa o ministerio. Esta obra nos ayudará a diagnosticar nuestra situación, identificar los obstáculos y vencerlos, así como lograr los retos más importantes y hacer lo correcto para cumplir nuestro propósito.

ADQUIÉRELO AQUÍ!

Sinopsis UN DÍA MÁS

Mi objetivo principal con este material es agregarte valor y ayudarte a subir de nivel brindándote herramientas para:
APRENDER – VIVIR – LIDERAR.

En esas tres palabras sencillas entiendo que se forman los grandes líderes y en cada una de ellas se esconde el más grande secreto del liderazgo: LA INFLUENCIA. Ahora bien, la pregunta que te debes estar haciendo en este momento es ¿Cómo se digiere esto? Sencillo: vas a APRENDER un principio de liderazgo que yo aprendí, luego vas a VIVIR ese principio, es decir, lo debes poner en práctica en tu vida y en tu liderazgo, así como yo lo hago y déjame decirte que funciona, para que por último, puedas LIDERAR por medio de la influencia a otros líderes a través de este que tú ya pusiste en práctica y funciona.

amazon

DE ELAI EDITORIAL

Sinopsis DECISIONES DIFÍCILES

Cada vez que tomas una decisión y no la ejecutas o la postergas, miles de personas dejarán de ser bendecidos.

Así como Jesús tuvo que decidir entre salvarse El o salvar a la humanidad, también tu vas a tener que tomar la decisión más difícil de tu propia historia. Vas a tener que sacrificar cosas que te agradaban, limitar algunas veces el tiempo con precisión para poder hacer todas las cosas, desarrollar habilidades que no te gustaban para que puedas lograr algunas cosas que solo son en ese momento una ilusión.

Tomar una decisión difícil que cambie el destino de tu propia historia, implica saber afrontar los problemas con realidad circunstancial, es decir, con sentido claro de las cosas que están ocurriendo y sobre todo con responsabilidad precisa del lugar que ocupas en el momento que se vive, de las premisas que circunscriben los escenarios y las posibilidades que se tienen de salir victoriosos en medio de las adversidades.

ADQUIÉRELO AQUÍ!

Sinopsis DEPENDE

Este libro trae consigo la dependencia de Dios como respuesta para que como líder puedas lograr todo aquello que te propongas, dentro de tu propósito. En cada una de sus páginas encontrarás valiosas lecciones y experiencias con las que aprenderás a:

- Diferenciar los sueños reales de los sueños imaginarios.
- Conocer tu necesidad de cambio y adaptación.
- Darle sobriedad a tu mente para obtener resultados.
- Modelar en otros un liderazgo saludable. Y, sobre todo, a depender de Dios para poder avanzar.

Prepárate para recibir una guía invaluable para tu liderazgo, y al aplicarla, sentirás que tus pasos serán firmes, tu velocidad será constante, tu fe se desarrollará a unos niveles que no conocías, y para la supervivencia en medio del proceso, desarrollarás la sabiduría que solo se encuentra en la Palabra de Dios. Recuerda que todo depende de quien dependas.

ADQUIÉRELO AQUÍ!

amazon

Made in the USA
Columbia, SC
08 February 2024

f02916bb-d324-4ad1-8b44-09b4ba048cd6R02